ZOROASTRE ET L'AVESTA ANCIEN

TRAVAUX DE L'INSTITUT D'ETUDES IRANIENNES
DE L'UNIVERSITE DE LA SORBONNE NOUVELLE

14

Jean Kellens

ZOROASTRE
ET L'AVESTA ANCIEN

Quatre leçons au Collège de France

Ouvrage publié avec le concours du Collège
de France et de la Persian Heritage Foundation

PARIS
1991

PEETERS
LOUVAIN - PARIS

A mes parents,

Christian et Marie Kellens-Godinas

Je remercie le Collège de France et son administrateur, Président de l'Assemblée des professeurs, Monsieur Yves Laporte, pour l'honneur qu'ils m'ont fait en m'invitant à faire ces leçons. Quant à Gérard Fussman, qui leur a proposé mon nom, qu'il sache combien je lui suis reconnaissant de m'avoir permis de rectifier, sous le buste d'Eugène Burnouf, certaines positions prises dans *Textes vieil-avestiques I*, sur la structure du groupe dit des *Aməṣa Spəṇta* et sur la question du dualisme.

Table des matières

Le présent volume reproduit le texte de quatre leçons que l'auteur, invité par le Collège de France, y a professées les 30 novembre, 7, 14 et 21 décembre 1989.

Le texte

Pour la philologie avestique, les vingt dernières années ont eu une importance considérable. Notre compréhension du texte de l'Avesta n'a certes pas été bouleversée — cela est peut-être prématuré —, mais les recherches récentes nous ont du moins appris dans quelle perspective il convenait de le situer et, en corollaire, elles ont pu définir la méthodologie la plus adéquate pour l'aborder.

1. L'état du texte. Nous savons à présent avec exactitude quelle confiance nous pouvons accorder au matériel manuscrit que nous possédons et qui représente ce qu'on appelle le texte de la Vulgate. Trois courts articles de Karl Hoffmann, parus respectivement en 1969, 1970, et 1971[1], ont reconstitué de manière de manière précise et argumentée l'histoire de la transmission manuscrite de l'Avesta. Cette reconstitution s'est aujourd'hui imposée à tous et a définitivement rendu caduque la "théorie" d'Andreas. Je rappellerai que Friedrich-Carl Andreas avait, en 1902, formulé l'hypothèse selon laquelle la Vulgate était la transcription maladroite, dans un alphabet phonétique différencié, d'un "archétype arsacide" noté dans un alphabet inconnu, mais analogue à celui du pehlevi des livres, c'est-à-dire omettant les voyelles et confondant certaines consonnes. La fausse vocalisation serait donc toujours possible et il conviendrait, pour s'assurer de l'authenticité d'une forme, de se représenter tout d'abord la manière dont elle figurait dans l'archétype arsacide. Ce principe de restitution, après avoir régné en maître durant quarante ans, a suscité le scepticisme dès la fin de la seconde guerre mondiale, mais, vingt ans plus tard, il n'avait encore été remplacé par aucune doctrine ferme sur l'histoire du texte, si bien que la philologie avestique était condamnée à procéder au coup par coup, sans principes et sans méthode.

Karl Hoffmann rappelle tout d'abord l'attention qu'il convient d'accorder aux *Prolegomena* de l'édition critique de l'Avesta par Karl-Friedrich Geldner.

---

[1] *Zur Yasna Überlieferung, Zur avestischen Textkritik* et *Zum Zeicheninventar der Avesta Schrift*, repris dans *Aufsätze zur Indoiranistik*, Wiesbaden 1975, respectivement 513–515, 274–287 et 316–325.

Les manuscrits y sont classés par familles et leurs liens de filiation clairement établis, travail dont l'hypothèse d'Andreas minimisait l'importance pratique, et l'accent est mis sur le caractère extrêmement récent du matériel. Aucun manuscrit avestique ne remonte au-delà de la seconde moitié du XIIIe siècle. Des témoins importants de la partie ancienne du livre, les plus vieux manuscrits sont J$_2$ et K$_5$, qui sont dus à un même copiste et sont datés de 1323.

De plus, des fautes généralisées démontrent à l'évidence que tous les manuscrits, sans aucune exception, dérivent d'un original commun perdu. Hoffmann appelle celui-ci le "manuscrit de base" (Stammhandschrift) et le situe, par approximation, au IXe –Xe siècle de notre ère. Il est donc vain de se bercer de l'espoir qu'un manuscrit ait pu conserver, contre tous les autres, la leçon miracle. Tous sont pareillement les rejetons du manuscrit de base et leur confrontation ne permet rien de plus que la restitution d'une version déjà corrompue de la fin du premier millénaire. Non seulement la tradition manuscrite est récente, elle est aussi extraordinairement ténue.

L'analyse paléographique permet de remonter aux sources de la trans- mission manuscrite : elle démontre que l'alphabet avestique est une invention érudite de l'époque sassanide. L'inventeur s'est fondé sur deux modèles. Du point de vue formel, il s'est inspiré de l'alphabet du pehlevi des livres, lui-même dérivé de l'araméen. Il en a adopté les signes, les a adaptés et diversifiés par des notations diacritiques, les a complétés en empruntant quel- ques caractères à l'alphabet du psautier pehlevi chrétien et en en forgeant tout simplement quelques autres. Du point de vue typologique, il a appliqué le principe "un signe = un son" des alphabets grecs et latins. Le recours à ces deux sources fournit une précieuse indication chronologique, même si la fourchette est assez large. L'invention de l'alphabet avestique ne peut avoir eu lieu avant que l'alphabet pehlevi ait acquis les caractéristiques qui s'y reflètent — c'est l'évidence —, ce qui veut dire qu'elle ne peut être de beaucoup antérieure au début du Ve siècle. Par ailleurs, elle ne peut guère être postérieure à la chute de l'empire sassanide puisque ses deux modèles, le pehlevi, mais surtout le gréco-latin, suggèrent qu'elle a eu lieu dans une ambiance occidentale. L'alphabet avestique a été inventé ad hoc, c'est-à-dire dans le but exclusif de mettre l'Avesta par écrit et il n'a effectivement jamais servi à autre chose. Sa minutie presque maniaque s'explique du fait qu'il a été prévu pour transcrire finement les nuances de la récitation liturgique solennelle. Rien ne démontre que l'Avesta ait pu être mis par écrit avant l'époque sassanide. S'il a existé un archétype arsacide ou une quelconque tentative de mettre l'Avesta par écrit au moyen d'un alphabet à la pehlevi, cela n'a eu aucune influence pratique sur le texte de la Vulgate. Celui-ci dérive, via le manuscrit de base, d'un archétype sassanide perdu qui transcrivait, dans l'alphabet phonétique que nous connaissons, un texte recueilli oralement.

Il faut donc considérer que la graphie de la Vulgate est phonétiquement fiable. On ne peut jouer ni avec ses voyelles, ni avec certaines de ses consonnes qu'on pensait interchangeables, comme *r* et *n*. Mais les limites de la transmission manuscrite apparaissent aussi clairement. Le texte de la Vulgate est corrompu et parfois profondément. Les fautes d'orthographe fourmillent et il arrive qu'elles soient communes à l'ensemble des manuscrits. Voilà qui dicte à la philologie avestique ses méthodes. Il lui faut tout d'abord procéder à l'examen des sources manuscrites en appliquant les méthodes classiques de la critique textuelle; ensuite il faut soumettre, pour vérification, le résultat de cet examen au critère du postulat linguistique. C'est-à-dire qu'il faut confronter la leçon retenue avec la forme théorique que la comparaison avec le sanskrit permet de reconstruire. S'il y a concordance, la cause est entendue; sinon commence l'incertitude.

Il est clair aussi que, entre la rédaction des textes et leur mise par écrit, il s'est écoulé une longue période de transmission orale (bien plus d'un millénaire pour les textes les plus anciens), sur laquelle nous savons peu de chose et n'en saurons peut-être jamais plus, étant donné l'absence de témoignages. Deux faits seulement sont à coup sûr repérables. La partie ancienne de l'Avesta a subi un traitement érudit — Hoffmann dit : une diascévase orthoépique — qui fait qu'elle nous est parvenue, non seulement entrecoupée de gloses et de notations didactiques, mais aussi sous la forme d'un padapāṭha peu systématique. Ensuite, puisque l'avestique n'est pas le dialecte de la Perse, mais que la transmission orale de l'Avesta a été assurée, puis sa mise par écrit réalisée en Perse, il faut bien conclure que la tradition avestique a au moins déménagé une fois, à une époque indéterminée, de sa patrie d'origine vers le sud-ouest de l'Iran et, à vrai dire, on suspecte des traits dialectaux divers qui suggèrent une histoire beaucoup plus vagabonde[2]. Quoi qu'il en soit, traitement érudit, colorations dialectales reçues de divers transmetteurs, évolution naturelle de la prononciation savante, tout cela implique l'altération du texte. Cela signifie que l'alphabet mis au point sous les sassanides ne reproduit pas les caractéristiques phonétiques de ce que j'appellerai la "langue originale", mais celles de la prononciation liturgique du clergé sassanide. Toute restitution de la langue originale est condamnée à osciller entre deux extrêmes, dont il faut pareillement se garder. Considérer que toutes les particularités de la graphie traduisent des traits phonétiques de

---

[2] Liste des possibilités chez Kellens, in *Compendium Linguarum Iranicum*, Wiesbaden 1989, 35.

la langue originale conduirait à faire de l'avestique une langue tératologique.
L'hypothèse d'Andreas a heureusement — c'est sans doute son seul aspect
positif — prémuni entre cet excès. Par contre, éliminer toutes les fioritures
graphiques considérées comme expression d'une emphase rhétorique tardive
aboutit en pratique à réduire l'avestique au schéma théorique de l'iranien
commun. Emile Benveniste, par exemple, n'a pu éviter cet écueil lorsqu'il
a tenté de décrire la phonologie de l'avestique[3]. En fait, il est impossible
de faire une phonologie de l'avestique, car il arrive qu'on ne puisse savoir
si tel ou tel trait appartient à la langue originale ou s'est constitué dans le
cours de la tradition orale. Partant, il est impossible de situer l'avestique
avec précision dans la dialectologie de l'Iran et c'est une des raisons pour
lesquelles la question du "berceau" de l'Avesta est intraitable.

2. La chronologie du texte. Le second changement de perspective affecte
la chronologie et concerne donc directement la situation de l'Avesta ancien.
Dans le courant des années 70, avec des exceptions notables, les spécialistes
ont adopté l'un après l'autre une "chronologie longue" du texte. C'est un
retour à l'hypothèse qui était, vers 1900, celle des grands pionniers, Friedrich-
Carl Geldner et Christian Bartholomae. Elle consiste à situer la partie ancienne
de l'Avesta aux alentours de l'an mille avant notre ère et à voir dans
les meilleures parties l'Avesta récent des textes à peu près contemporains
des inscriptions vieux-perses. Les dates retenues sont bien sûr tout à fait
approximatives et ne valent que comme point de repère : la chronologie longue
est aussi une chronologie relative. Tout cela repose sur deux constatations
où il y a une large part d'impression, mais d'impression qui ne peut être
complètement illusoire : d'une part, le degré d'évolution du vieux-perse et
celui de l'avestique récent sont relativement équivalents, d'autre part, il ne
peut en aucun cas y avoir moins de deux siècles entre le vieil-avestique et le
stade linguistique représenté par l'avestique récent et le vieux-perse.

Ce constat a été éclipsé pendant plus de cinquante ans par la prise
de position concordante de deux savants à l'autorité considérable, Antoine
Meillet en 1925 et Walter B. Henning en 1951[4]. Ceux-ci combattent la
chronologie de Geldner et de Bartholomae par l'argument de l'irrégularité
de l'évolution linguistique. C'est un argument légitime, théoriquement juste,
mais mal recevable en l'occurrence, car il est employé pour sauvegarder une
donnée extra-linguistique douteuse, à savoir la tradition du clergé sassanide
qui situe Zoroastre 258 ans avant Alexandre. Les historiens de la tradition

---

[3] *Bulletin de la Société de Linguistique* 62, 1968, 53 sqq.

[4] Respectivement dans *Trois Conférences sur les Gâthâ de l'Avesta*, Paris 1925 (21 sqq.), et
dans *Zoroaster*, Londres 1951 (37 sqq.)

mazdéenne peuvent défendre ou critiquer la valeur de cette tradition, mais certes pas en démontrer l'authenticité. Dans la mesure où celle-ci n'est pas assurée, pour le linguiste qui constate un évident décalage d'évolution entre le vieil-avestique et l'avestique récent, cette datation ne peut qu'être suspecte. Etablir la chronologie du texte en se fondant sur elle, c'est mettre la charrue avant les bœufs et le paradoxe veut que ce soit deux linguistes, et non des moindres, qui l'aient fait. Il est plus incompréhensible encore que l'irrégularité de l'évolution linguistique soit resté le principal argument des adversaires de la chronologie longue, car on ne peut plus le manier en 1989 avec la même innocence qu'en 1925 ou en 1951. A la fin des années 50, on a mis en lumière trois traits particulièrement archaïques du vieil-avestique, dont deux le sont par rapport au sanskrit védique lui-même et que Meillet et Henning ne connaissaient pas lorsqu'ils combattaient la chronologie longue :

a. alors que l'avestique récent (*nō, vō*), comme le sanskrit védique (*nas, vas*), confond sous une forme unique l'acc. et le dat.-gén. des pronoms enclitiques de la 1e et de la 2e du pluriel, le vieil-avestique oppose encore, au dat.-gén. *nə̄, və̄* < *nə̆s*, *və̆s*, un acc. *nå, vå* qui se distingue par la longueur de la voyelle et est directement comparable au latin *nōs, vōs*[5]. Ceci ne peut être contesté dès lors que l'hypothèse d'Andreas est rejetée.

b. La structure du système verbal vieil-avestique n'est pleinement connue que depuis l'analyse de Helmut Humbach (1959)[6]. Or, tandis que la conjugaison du vieux-perse et de l'avestique récent est exclusivement fondée sur le thème de présent, le vieil-avestique oppose constamment, et de façon cohérente, le présent à l'aoriste, de telle sorte que l'ensemble de ses formes verbales se répartit de manière à peu près égale entre les deux catégories. A l'origine, tous les dialectes iraniens possédaient nécessairement pareil système, dont le caractère hérité est garanti par la grammaire comparée des langues indo-européennes et, pour que ce système se transformât, il a fallu beaucoup de temps. Il fallait qu'un grand nombre de distinctions syntaxiques fussent abandonnées, toutes celles que l'aoriste assumait, mais certaines aussi qui relevaient du présent. L'aoriste est tombé en désuétude et l'ensemble des catégories verbales ont été regroupées dans le cadre unique du système du présent. Bref, entre l'Avesta ancien et l'Avesta récent, on est passé d'un système verbal aspectuel à un système verbal temporel, ce qui ne se fait pas du jour au lendemain.

---

[5] Hoffman, *op. cit.* (n.1) 72–73.

[6] *Die Gathas des Zarathustra*, Heidelberg 1959.

c. dans une série d'articles parus à partir de 1957[7], F.B.J. Kuiper a montré que de nombreuses irrégularités métriques des Gāθā étaient aplanies si on admettait que les laryngales indo-européennes se maintenaient sous forme d'hiatus en position intervocalique. Par exemple, à l'injonctif $dāt$ < *$dheə_1$-t monosyllabique s'oppose le subjonctif $dāt$ < *$da'at$ < *$dheə_1$-et dissyllabique. Ce trait est d'une très grande importance pour la chronologie des textes avestiques. Non seulement il met en lumière le caractère remarquablement archaïque du vieil-avestique, mais il dément radicalement cette idée récurrente que certains passages de l'Avesta récent seraient en fait plus anciens que l'Avesta ancien. Il se fait que les passages envisagés ont tant bien que mal conservé la forme métrique de l'octosyllabe et il est clair qu'on n'y trouve aucun hiatus dû à une ancienne laryngale. Voilà qui fait justice, je pense, d'une vieille illusion.

Le fait qu'il y ait entre l'Avesta ancien et l'Avesta récent une coupure d'environ quatre siècles invite à rénover une terminologie qui reflète l'incertitude et la divergence des opinions. On a pu considérer que la langue de l'Avesta ancien et celle de l'Avesta récent différaient, soit du point de vue dialectal, soit du point de vue diachronique, soit des deux à la fois. Tandis que la première recevait le nom de "gâthique" du texte où elle est consignée, les Gāθā, ce qui souligne sa spécificité dialectale, la seconde a été appelée "avestique récent", ce qui consacre l'écart chronologique avec le gâthique. Depuis quelques années, Johanna Narten substitue "vieil-avestique" à "gâthique" et c'est une bonne décision, car "vieil-avestique" présente trois avantages : il s'oppose symétriquement à "avestique récent", il entérine explicitement la réalité diachronique et il s'impose inévitablement dès que l'on reconnaît, comme nous allons voir, que les Gāθā ne constituent pas à elles seules l'Avesta ancien. Cette nouvelle terminologie, qui devrait finir par s'imposer, ne doit toutefois pas faire oublier qu'entre le vieil-avestique et l'avestique récent, la divergence est aussi d'ordre dialectal : le premier ne peut pas être l'ancêtre direct du second. Quelques traits l'interdisent sûrement : le plus connu est la déclinaison des indéfinis $vīspa$- "tout" et $aniia$- qui, en vieil-avestique, contrairement à ce qui se passe en avestique récent, sont fléchis non comme des pronoms, mais comme des noms en -a-[8].

Je disais tantôt que la question du berceau de l'Avesta est intraitable. La raison en est surtout que le mot berceau n'a aucun sens pour un livre contenant des parties d'âge et d'origine si divers : pour rester dans le même registre métaphorique, c'est de train autos-couchettes qu'il faudrait parler.

---

[7] A partir de *Indo-Iranian Journal* 1, 1957, 86–97.

[8] Hoffman, *op. cit.* (n. 1) 63.

Quant à l'Avesta ancien, son ancienneté même empêche d'aborder la question de son lieu de composition. Celle-ci a eu lieu longtemps avant qu'une tablette assyrienne (835 avant notre ère) ne fournisse le premier témoignage sur l'existence historique des Iraniens. A cette époque reculée, quelles étaient les tribus iraniennes, où se trouvaient-elles et où en était la différenciation de leurs dialectes respectifs? Il est bien évident qu'on ne peut pas répondre à ces questions.

L'importance de l'écart chronologique antre l'Avesta ancien et l'Avesta récent nous invite aussi à redoubler de méfiance envers les traditions mazdéennes d'époque sassanide. La fin du siècle dernier a vu s'affronter l'école "traditionnelle", qui entendait éclairer l'Avesta par le recours aux commentaires indigènes, plus spécialement à la traduction pehlevie, et l'école "védisante", qui privilégiait la comparaison avec le sanskrit. Cette querelle vieillie a fait place depuis longtemps à un accord relatif entre les spécialistes: le témoignage des écoles sassanides est fiable et précis pour un texte comme le Vidēvdād, mais sans utilité pour l'Avesta ancien et les plus vieilles parties de l'Avesta récent, dont non seulement la langue, mais les concepts ont été, ou oubliés, ou réinterprétés en profondeur. Il faut savoir que le vocabulaire technique de base de l'Avesta ancien — je pense à des mots comme *maga*- ou *yāh*- — n'a eu aucune descendance et que le traducteur pehlevi utilise des calques. Or, nous savons à présent que l'époque sassanide n'est pas seule en cause. Les passages sacerdotaux de l'Avesta récent montrent une compréhension déficiente de l'Avesta ancien, révélatrice d'une évolution de la pensée religieuse à laquelle la chronologie longue ouvre un espace raisonnable. Les exégètes des commentaires avestiques interprètent de manière fautive plusieurs passages vieil-avestiques: l'exemple le plus significatif est celui de la prière *yeŋhē-hātạm*, qui est une réécriture de la strophe gâthique 51.22 fondée sur une analyse syntaxique erronée[9]. Il y a, sinon rupture de la tradition — ce n'est pas impossible, mais il serait téméraire de l'affirmer —, du moins modification altérante de la tradition, non seulement entre le mazdéisme avestique et le mazdéisme sassanide, mais encore entre l'Avesta ancien et l'Avesta récent. Les témoignages extérieurs sur l'Avesta ancien ne doivent donc pas être pris pour argent comptant et ne peuvent en aucun cas primer sur l'analyse interne du texte, si malaisée que soit celle-ci.

Le vieil-avestique est sans aucun doute une langue iranienne, dont elle présente clairement les quatre caractéristiques distinctives: congruence des occlusives sonores et sonores aspirées, disparition des laryngales en position de vocalisation, amuissement de la sifflante sourde en position initiale et

---

[9] Johanna Narten, *Die Aməṣa Spəṇtas im Avesta*, Wiesbaden 1982, 80-86.

intervocalique, traitement en sifflante de la première de deux occlusives dentales en contact. Mais c'est une langue si archaïque et si isolée par son archaïsme même qu'elle échappe en partie au domaine de l'iranologie. Non seulement on peut utiliser à son sujet, sans adaptation d'ampleur, les grands ouvrages de référence de la grammaire indienne, mais son étude apparaît de plus en plus comme le complément obligé de celle du védique. Les recherches grammaticales les plus récentes n'ont pu faire autrement que combiner les données du védique et du vieil-avestique[10]. L'étude de ces deux langues relève en fait d'une discipline hybride, l'indo-iranologie, dont le titre des *opera minora* de Karl Hoffmann (*Aufsätze zur Indoiranistik*) affirme résolument la spécificité.

3. L'Avesta ancien. C'est le troisième changement de perspective : nous savons aujourd'hui que l'Avesta ancien ne se limite pas aux seules Gāθā, ce qui suffit à imposer la substitution du terme "vieil-avestique" à "gâthique". Les choses se présentent de la manière suivante. A l'intérieur du livre du Yasna, qui représente le tiers de la Vulgate, on trouve les cinq Gāθā, caractérisées par un mètre spécifique et rangées en ordre de longueur décroissante. Les trois premières sont composées de plusieurs chapitres appelés hāiti, chacune de ces hāiti étant constituée d'un nombre variable de strophes (en moyenne, quinze). A l'intérieur de ce corpus métrique, entre la première et la deuxième Gāθā, figure un ensemble en prose, le Yasna Haptaŋhāiti, qui doit son nom au fait qu'il est composé de sept hāiti. Le livre avestique du Yasna — le Yasna tout court — ressemble ainsi à un double écrin. Les chapitres en langue récente servent d'écrin aux textes vieil-avestiques métriques, les Gāθā, qui servent elles-mêmes d'écrin au texte vieil-avestique en prose, le Yasna Haptaŋhāiti.

Le fait que la langue du Yasna Haptaŋhāiti, exactement au même titre que celle des Gāθā, soit du vieil-avestique a été démontré en 1986 par Johanna Narten, dans une étude exhaustive consacrée à ce texte[11]. Il est encore trop tôt pour que ce livre ait déjà suscité beaucoup de discussions publiques et nous ne savons pas encore dans quelle mesure les conclusions de Narten seront acceptées. Il me semble, toutefois, qu'il sera impossible de contester la manière dont elle situe le texte : il s'agit d'un texte en prose, ce qui, du point de vue stylistique, le distingue radicalement des Gāθā; il va de 35.2

---

[10] Je songe aux travaux de Annemarie Etter (*Die Fragesätze im Ṛgveda*, Berlin 1985), de Toshifumi Gotō (*Die "I. Präsensklasse" im Vedischen*, Vienne 1987), de Heinrich Hettrich (*Untersuchungen zur Hypotaxe im Vedischen*, Berlin 1988) et à de nombreux articles de Stephanie Jamison.

[11] *Der Yasna Haptaŋhāiti*, Wiesbaden 1986.

à la fin de la hāiti 41 (ainsi la phrase 35.1 et la hāiti 42, de même que 52,
qui est inséré entre les deux dernières Gāθā, sont des morceaux tampons en
avestique récent); il est rédigé dans une langue dont aucun trait ne suggère
qu'elle soit plus ancienne ou plus récente que celle des Gāθā. Ceci confirme
de manière décisive deux faits auxquels nous avons déjà fait allusion. Il faut
renoncer à chercher dans l'Avesta des passages qui seraient effectivement
plus ancien que l'Avesta ancien. Ni les Yašt, à cause de leur métrique, ni
le Yasna Haptaŋhāiti, malgré ce qu'en pensait son premier éditeur, Theodor
Baunack, ne peuvent faire l'affaire. Il faut renoncer pareillement à chercher
un texte de transition entre les Gāθā et l'Avesta récent. Le Yasna Haptaŋhāiti,
auquel ce rôle était généralement attribué, n'est pas un texte plus récent que
les Gāθā, mais il compose avec elles l'Avesta ancien et il y a, entre celui-ci
et l'Avesta récent, solution de continuité, une lacune de plusieurs siècles.

Reconnaître le Yasna Haptaŋhāiti comme un texte vieil-avestique est
lourd de conséquences. Je relève trois conclusions importantes, devant lesquelles Narten semble avoir été prise de timidité, et que je propose de formuler
en toute clarté :

a. la première est d'ordre très général et ne peut laisser les indianistes
indifférents. Il faut bien admettre à présent que la pratique de la "prose d'art"
n'est pas une innovation indienne. Le fait que l'Avesta contienne une partie
ancienne, composée selon des techniques de syntaxe et de style analogues
à celles des Brāhmaṇa, contraint à postuler l'existence d'une prose indo-
iranienne de la même manière que l'on postule, à cause des Gāθā, l'existence
d'une poésie indo-iranienne.

b. l'Avesta ancien n'est pas linguistiquement homogène. Narten voudrait
que les quelques divergences qu'on peut relever entre la langue des Gāθā et
celle du Yasna Haptaŋhāiti soient d'ordre purement rhétorique et découlent
en fait du clivage entre la prose et le vers[12]. Si l'opposition se réduisait
effectivement à celle-là, on ne pourrait néanmoins la considérer comme
annulée, car une strophe gâthique (46.17) dirige une attaque explicite contre
l'usage liturgique de la prose : il y a bien, entre les deux textes vieil-avestiques,
une divergence irréductible, fût-elle purement rhétorique. Mais il est difficile
d'expliquer par la rhétorique toutes les divergences linguistiques entre les
Gāθā et le Yasna Haptaŋhāiti. Elles sont si ténues, il est vrai, que l'on peut
hésiter à parler de deux dialectes, car, si dialectes distincts il y a, ils sont
effectivement fort proches l'un de l'autre, mais elles imposent de reconnaître
au moins l'existence de deux jargons d'école. La divergence la plus notable

---

[12] *Op. cit.* (n. 11) 20–21.

réside dans le système des déictifs. Le démonstratif rapproché est représenté par le thème réduit *i-* dans les Gāθā, par le thème étoffé *ima-*, comme en védique, dans le Yasna Haptaŋhāiti. Ajoutons quelques détails : le verbe *varz* "faire" construit un aoriste radical dans le YH, un aoriste sigmatique dans les Gāθā; la conjonction équivalant à védique *yávat* est *yauuaṯ* dans les Gāθā, *yāṯ* dans le YH; le nom du ciel, qui semble faire l'objet d'un tabou dans l'ensemble de l'Avesta ancien, est suppléé par *nabah-* "nuée" dans les Gāθā, par *raocah-* "lumière" dans le YH. C'est tout, mais c'est beaucoup pour un texte aussi mince, si bien qu'ils se recommande, pour la précision du propos, de distinguer entre "vieil-avestique gâthique" et "vieil-avestique haptahâtique".

   c. La doctrine religieuse de l'Avesta ancien est à l'image de sa langue : imparfaitement uniforme. Ou nous saisissons pour la première fois le mazdéisme à un moment de son développement où il était déjà représenté par plusieurs écoles, ou sa formation n'a pas eu lieu dans les conditions que nous croyons connaître. Si les divergences sur le fond entre les Gāθā et le Yasna Haptaŋhāiti ne sont pas radicales, deux sont tout de même extrêmement significatives. L'atmosphère du YH, contrairement à celle des Gāθā, est parfaitement sereine : aucune allusion n'est faite ni à un conflit, ni à des ennemis. Alors que les Gāθā varient, sans qu'on en perçoive d'ailleurs la raison, entre la 1ère du singulier et du pluriel, le YH est uniformément rédigé à la 1ère du pluriel et, par ailleurs, ne mentionne ni le nom de Zoroastre, ni aucun nom propre : aux Gāθā, qui donnent le vedette tantôt à un "je" autoritaire, tantôt à une personnalité sacralisée et dûment nommée, le YH oppose son "nous" anonyme. Néanmoins, Narten résiste mal à la tentation d'attribuer les deux textes au même auteur, à savoir Zoroastre, mais elle appuie cette hypothèse d'un argument incohérent : il est normal, remarque-t-elle, que le nom d'un auteur ne figure pas dans ses textes. Ainsi, Zoroastre serait l'auteur des Gāθā parce que nom y apparaît souvent et il serait celui du Yasna Haptaŋhāiti parce que son nom n'y figure jamais[13].

   Comment expliquer ces divergences si ce n'est pas par la chronologie? Y eût-il la distance maximale de deux ou trois générations entre les deux textes vieil-avestiques, comment admettre que la référence au fondateur ait apparu superflue et que l'ennemi, naguère si redouté, se soit volatilisé? En vérité, cela est impensable. Il faut nécessairement admettre une divergence d'école, mais comme les deux écoles sont proches l'une de l'autre dans l'espace et dans le temps, on ne peut le faire sans s'interroger sur le rôle de Zoroastre et sur l'importance et les formes réelles du conflit dont témoignent

---

[13] *Op. cit.* (n. 11) 35–37.

les Gāθā, donc sans remettre en question le postulat d'un fondateur et celui
d'une transformation brusque et radicale de la pensée religieuse. C'est ce que
nous ferons dans les prochaines leçons : j'espère avoir montré aujourd'hui
que cette tâche vient à son heure dans l'histoire des études avestiques.

Avant cela, il convient encore de dire quelques mots de la problématique
vieil-avestique et de la manière dont elle a été abordée par les spécialistes.
Contrairement au Yasna Haptaŋhāiti, qui n'a été abordé que deux fois, à plus
d'un siècle d'intervalle, par Theodor Baunack[14], puis par Johanna Narten,
les Gāθā sont un texte à succès, fréquemment visité et commenté. Depuis le
début du siècle, elles ont fait l'objet d'une dizaine d'analyses d'ensemble,
dont cinq comportent même une édition du texte. Je vois, à la fascination
qu'elles exercent sur les iranistes, deux raisons principales. La première, c'est
l'intérêt, voire une passion un peu suspecte, pour le système religieux qu'elles
expriment. Ce texte, qui est réputé l'œuvre de Zoroastre lui-même, semble se
distinguer par son contenu aussi bien des hymnes védiques que de l'Avesta
récent et conforter ainsi le vieux mythe pré-scientifique de Zoroastre. Il y a
ensuite la beauté de la problématique. Voici un texte court, assez fidèlement
transmis — bien mieux que l'Avesta récent —, dont la langue, grâce au
comparatisme indo-iranien, nous est en principe connue et dont nous sommes
censés connaître aussi le message, grâce à la tradition mazdéenne et à quelques
témoignages de l'Antiquité classique. Pourtant, nous le comprenons mal. Ce
paradoxe est ressenti comme un défi : il y a un mystère des Gāθā, qui fait
leur charme.

Dans la première phase des études "modernes", qui va de la parution
de l'Altiranisches Wörterbuch en 1904 aux premiers articles de Humbach
en 1952, le paradoxe a pris la forme suivante : il y a entente pratique,
objective, sur le sens premier du texte, mais, pour reprendre une expression
de Bernfried Schlerath[15], "discrépance fascinante" sur le fond du message, de
telle sorte que le problème gâthique apparaît avant tout comme un problème
d'exégèse. Chaque interprète reste, pour l'ensemble de sa tentative, dépendant
de Bartholomae, même si il l'améliore sur plusieurs points de détail. C'est
un point de départ effectivement imposant, puisqu'il s'agit de la première —
et, aujourd'hui encore, de la seule — codification systématique de la langue
avestique : la grammaire du Grundriss der iranischen Philologie (1896) et
le lexique de l'Altiranisches Wörterbuch (1904). Le point d'arrivée sera
lui aussi d'une qualité remarquable : il s'agit de la traduction française de

---

[14] Studien auf dem Gebiete der griechischen und arischen Sprachen I, II. Teil : Der Yasna
Haptaŋhāiti, Leipzig 1888.

[15] Voir n. 20.

Jacques Duchesne-Guillemin, parue en 1948, qui apparaît comme une parfaite mise au point des connaissances[16]. L'auteur a trié avec bon sens et une grande sûreté de jugement les diverses hypothèses émises pour un passage particulier, en apportant lui-même quelques heureuses solutions. Sa traduction est claire, lisible jusqu'à la limpidité, et il arrive même que l'on puisse suivre le mouvement de la pensée sur plusieurs strophes.

Pourtant, il fallait bien que le sens premier du texte, admis depuis Bartholomae, soit suffisamment flou et manipulable pour supporter des interprétations aussi diverses que celles par la "Feuerlehre" (Hertel), le chamanisme et l'extase (Nyberg), la haute politique de cour (Herzfeld) et l'idéologie trifontionnelle (Dumézil)[17]. Et, effectivement, sous l'unanimité de façade, il y a doute, incertitude, suspicion. A côté de Meillet écrivant : "S'il reste beaucoup de passages obscurs, on peut dire que le sens général des gāthā est connu et qu'il y a maintenant accord entre les savants qui les étudient"[18], les boutades de certains savants (Nyberg : "quiconque s'est un peu mêlé de ces textes est résigné à devoir traduire autrement le lendemain ce qu'il avait traduit la veille"; Kaj Barr : "Plus je scrute les gāthā, moins je les comprends")[19] expriment crûment une réalité qui ne se reflète pas, ou peu, ou mal, dans les produits finis qu'ils livrent à la publication. Le consensus sur le sens premier n'est en fait qu'un accord de convention sur un pis-aller.

Dans un article d'une grande lucidité, qu'il a consacré en 1962 à la problématique gâthique et à l'histoire des études[20], Bernfried Schlerath souligne sévèrement la responsabilité de Bartholomae. Il oppose, chez celui-ci, l'éminente valeur du grammairien au formalisme desséchant de l'analyste des textes vivants, qui aurait été dénué de tout sens du vraisemblable. Je ne souscris pas à ce jugement : je crois plutôt que c'est la grammaire de Bartholomae qui est encore rudimentaire. Qu'on me comprenne bien : je ne mets pas en cause l'œuvre du grammairien. Bartholomae a accompli un travail gigantesque, de haute qualité, qui hissait, au début du siècle, la philologie avestique au niveau des principales philologies du domaine indo-européen. Il a fait, très bien, tout ce qu'on pouvait faire en 1904. Le problème, c'est que la philologie avestique a ensuite stagné pendant plus de cinquante ans, pour

---

[16] *Zoroastre*, Paris 1948.

[17] Johannes Hertel, *Die Arische Feuerlehre*, Leipzig 1925; Henrik S. Nyberg, *Die Religionen des Alten Iran*, Leipzig 1938; Ernst Herzfeld, *Zoroaster and his World*, Princeton 1947; Georges Dumézil, *Naissance d'Archanges*, Paris 1945.

[18] *Op. cit.* (n. 4) 13.

[19] Recueilli par Duchesne-Guillemin, *op. cit.* (n. 16) 13–14.

[20] *Orientalistische Literaturzeitung* 57, 1962, 566–589.

plusieurs raisons, mais surtout à cause des illusions suscitées par l'hypothèse d'Andreas et du désenchantement qui a suivi sa réfutation.

A deux reprises, les études avestiques ont connu une année paradoxale où le passé et l'avenir entrent en collision. En 1902, au congrès de Hambourg, Bartholomae présente les épreuves de *l'Altiranisches Wörterbuch* le jour même où Andreas expose pour la première fois son hypothèse. Cinquante ans plus tard, en 1952, la traduction des Gāθā par Duchesne-Guillemin semble recevoir, par sa mise en anglais, l'approbation de Henning[21] au moment où paraissent, dans les *Münchener Studien zur Sprachwissenschaft*, les premiers articles de Helmut Humbach, préparant la grande rupture dans les études gâthiques, qui sera accomplie en 1959 avec la parution de *Die Gathas des Zarathustra*[22]. Schlerath note justement que cette œuvre marque l'émancipation vis à vis de Bartholomae[23]. Dans un premier temps, pourtant, elle a été sous-estimée. Elle est desservie, il est vrai, par défauts qui sautent aux yeux. Il est facile d'ironiser sur la difficulté de la langue ou sur la paraphrase, qui n'a parfois aucun rapport avec la traduction qu'elle est censée gloser. Il est plus grave que Humbach pêche souvent par manque de système : c'est que son œuvre, comme Duchesne-Guillemin l'a bien vu dès qu'il fut possible de le voir[24], est un fruit prématuré. Elève de Hoffmann, Humbach travaille dans une perspective et selon des méthodes qui sont encore en gestation, dont la théorie n'a pas encore été faite. Ainsi, il applique aux injonctifs gâthiques les prémices de l'analyse que Hoffmann donnera des injonctifs védiques en 1967[25] : il leur refuse la valeur de futur, qui avait la faveur de ses prédécesseurs, pour en faire presque toujours des prétérits, c'est-à-dire qu'il néglige l'intemporalité, sur laquelle insistera Hoffmann. Autre exemple : Humbach rejette explicitement la théorie d'Andreas et pratique une critique textuelle rigoureuse, fondée sur les *Prolegomena* de Geldner, mais cela ne l'empêche pas de reconnaître quatre cas de fausse vocalisation, alors qu'une seule suffirait à imposer l'idée d'un archétype arsacide[26].

Humbach manifeste aussi, vis-a-vis du sens du texte, une telle désinvolture qu'il entérine les pires contradictions. Je donnerai deux exemples particulièrement frappants. Par son analyse de l'injonctif, Humbach limite

---

[21] *The Hymns of Zarathustra*, Londres 1952. La traduction est de Madame Henning.

[22] Voir n. 6.

[23] *Loc. cit.* (n. 20) 576.

[24] En 1972 : voir *Opera Minora I*, Téhéran 1974, 73.

[25] Karl Hoffmann, *Der Injunktiv im Veda*, Heidelberg 1967.

[26] Critique émise par Ilya Gershevitch, *Bulletin of the School of Oriental and African Studies* 25, 1962, 369–370.

considérablement les expressions du futur et, en appliquant la plus stricte étymologie indo-iranienne, il exclut le sens de "rétribution", compris comme "rétribution après la mort", pour cinq ou six mots, si bien qu'il réduit la part de l'eschatologie au point qu'il n'en subsiste, dans sa traduction, que quelques malédictions pour l'au-delà. Or, à la fin de son introduction, lorsqu'il pose la question de savoir ce qui a fait la force de conviction de la doctrine gâthique, il ne se trouve pas embarrassé pour répondre : l'eschatologie. Autre contradiction : dans la strophe 28.8, le récitant dit clairement "Zarathustra et nous". Tous les commentateurs mettent ce passage, et lui seul, entre guillemets, imaginant qu'un public répond au récitant, sans quoi, c'est l'évidence, il faudrait admettre que Zoroastre n'est pas le récitant ordinaire des Gāθā. Humbach se refuse à juste titre à ce lamentable artifice, mais en silence : il ne relève pas l'incohérence et le titre même de son livre montre bien qu'il considère Zoroastre comme l'auteur de Gāθā et leur récitant.

Ces quelques critiques ne doivent toutefois pas voiler la réalité : l'œuvre de Humbach a rendu démodée celle de tous ses devanciers. Il me semble qu'il y a un vice de méthode dans la pratique, illustrée récemment encore par un livre de Kreyenbroek[27], qui consiste à aligner toutes les traductions d'une strophe gâthique en accordant à chacune la même autorité. C'est nier que la science aussi est soumise à une histoire. Il faut, sous réserve d'examen critique, donner l'avantage à Humbach, qui représente un état plus achevé de nos connaissances. Humbach a procédé a une mise à jour radicale de la grammaire gâthique en y transférant massivement les progrès accomplis dans le domaine de la grammaire védique. Car son entreprise est caractérisée par un retour à la méthode védisante pure et dure, comme on ne la pratiquait plus depuis les premiers travaux de Geldner et de Bartholomae, entre 1870 et 1880, et la fécondité de cette méthode est l'évidente démonstration de sa légitimité et de son adéquation à l'Avesta ancien. Celui-ci relève d'une discipline qui n'est certes pas l'indologie, non plus exactement l'iranologie, mais bien cette indo-iranologie dont nous avons parlé. La concordance entre les textes védiques et les textes vieil-avestiques n'est pas seulement grammaticale, mais aussi stylistique. Humbach a relevé systématiquement les parallèles phraséologiques avec le R̥gveda, qui offrent fréquemment la clé d'une strophe gâthique : un vers sur deux en moyenne a un parallèle rigvédique. Si innovante que paraisse la doctrine religieuse — et il faudra nuancer —, la langue, la rhétorique, les conceptions qui nourrissent les images et les métaphores sont étonnamment conservatrices et semblables à celles que pratiquaient les r̥ṣi

---

[27] G. Kreyenbroek, *Sraoša in the Zoroastrian Tradition*, Leiden 1985.

védiques. Il est à peine exagéré de dire que l'Avesta ancien est le onzième maṇḍala, légèrement déviant du point de vue dialectal, du Ṛgveda.

Avec Humbach, le paradoxe gâthique a pris une forme nouvelle : autant la doctrine grammaticale qui sous-tend l'analyse est solide et cohérente, autant le sens qui en résulte paraît obscur ou saugrenu. Humbach a fait éclater le consensus sur le sens premier, mais son intervention semble avoir eu ce seul effet négatif, de sorte que Schlerath, en le visant, a pu écrire que le Zoroastre de certains grammairiens n'était qu'un diseur de niaiseries (läppische Äusserungen)[28]. Humbach libère à jamais l'éxégèse gâthique de Bartholomae, mais son travail donne l'impression de l'inachevé. Ceci ne pouvait qu'inciter d'autres à poursuivre la tâche. Où en sommes-nous aujourd'hui ? Mon avis sera partial, puisque je suis un de ceux qui ont cru qu'il fallait continuer Humbach, mais, pour la même raison, peut-être présente-t-il quelque intérêt. Je dirai que Humbach nous a procuré une morphologie adéquate du vieil-avestique, mais qu'il a laissé la syntaxe en friche. Stanley Insler d'abord[29], Eric Pirart et moi ensuite[30], avons voulu le compléter sur ce point. Que nous ayons ou non réussi, c'est à d'autres de le dire, mais que la question du sens des Gāθā ne soit pas mieux résolue après nos interventions, c'est l'évidence même. Le sera-t-elle un jour ? Je suis relativement optimiste. Un texte dont la langue est connue de manière suffisante ne peut demeurer incompréhensible que s'il est délibérément hermétique. Or, contrairement à d'autres, je ne crois pas que ce soit le cas des Gāθā. Il me semble que la difficulté de ce texte, celle qui en voile fâcheusement le sens, c'est la sémantique, comme Schlerath l'avait diagnostiqué en 1962[31]. Nous disposons aujourd'hui d'une bonne morphologie, admettons que nous disposions aussi d'une syntaxe : c'est le préalable requis pour s'attaquer, dans les prochaines années, au sens des mots correctement mis en situation.

Humbach a eu le mérite de montrer qu'il n'y avait en réalité ni paradoxe, ni mystère gâthique. La langue n'était pas aussi bien connue que nous le pensions et le contenu n'était pas vraiment celui que nous supposions. Les Gāθā sont un texte comme les autres. Leur grammaire doit faire l'objet de patients perfectionnements et leur sens est à chercher au moyen de cette grammaire même, sans égards excessifs pour ce que Zoroastre est censé avoir dit.

---

[28] Dans l'introduction à Herman Lommel, *Die Gathas des Zarathustra*, Bâle 1971, 10.

[29] Stanley Insler, *The Gathas of Zarathustra*, Téhéran-Liège 1975.

[30] Jean-Kellens – Eric Pirart, *Les textes vieil-avestiques*, Wiesbaden I : 1988.

[31] *Loc. cit.* (n. 20) 569 sqq.

Les dieux

Dans le panthéon mazdéen, quelle que soit l'époque envisagée, Ahura Mazdā jouit d'un prestige incomparable et son nom est omniprésent dans les textes témoins, mais il n'est pas, loin s'en faut, la seule personne divine de l'univers religieux. Dans l'Avesta ancien, on trouve à ses côtés, non les dieux du panthéon indo-iranien, que ce soit dans sa version védique ou néo-avestique, mais un groupe d'êtres divins que l'on appelle traditionnellement les six *aməša spəṇta*, approximativement "immortels bienfaisants". Ce groupe, qui constitue selon l'apparence une des originalités les plus marquantes du mazdéisme vieil-avestique, pose un problème difficile et spécifique. Il est significatif que l'érudition occidentale répugne à parler de "dieux" pour désigner les êtres qui le composent, préférant "entité" (en allemand : "Wesenheit") ou adoptant par commodité l'appellation originale *aməša spəṇta*. Il y a deux raisons plus ou moins bonnes de refuser à ces "entités" un statut divin à part entière : le nom des trois plus importantes est de genre neutre et chacun est un substantif abstrait qui fonctionne le plus souvent comme tel, la personnification étant sporadique ou rare.

Les six entités explicitement données par l'Avesta récent sont, par ordre de fréquence du nom dans l'Avesta ancien, Aša, Vohu Manah, Xšaθra, Ārmaiti, Amərətāt et Hauruuatāt. Les philologues français traduisent Aša par "ordre" ou "justice", les allemands par "Wahrheit", interprétations divergentes qui trouvent un commun dénominateur dans le sens étymologique d'"agencement". Vohu Manah est la "bonne Pensée (rituelle)". Xšaθra signifie "pouvoir", mais il ne s'agit pas, du moins dans les Gāθā, d'un pouvoir de type politique. Humbach le définit ainsi : "Es ist die magische Potenz, mit der sich der Priester die Gottheit geneigt macht"[32]. Ārmaiti est la "bonne disposition d'esprit (rituelle)", la pensée qui, loin de mépriser ou de négliger, prend en considération de manière appropriée. Hauruuatāt et Amərətāt sont, respectivement l'"intégrité du corps" et l'"immortalité".

---

[32] *Op. cit. II* (n. 6) 86.

La structure et la signification de ce groupe ont fait l'objet, dans l'histoire des études avestiques, de trois interprétations différentes. Pour la clarté de l'exposé, je me permets de les rappeler brièvement et schématiquement.

L'interprétation la plus ancienne reproduit en gros l'analyse des traités pehlevis du IXe –Xe s. de notre ère, le *Bundahišn* et le *Dēnkart*[33]. Pour ceux-ci, chaque entité personnifie et patronne un élément naturel (Aša le feu, Vohu Manah la vache, Xšaθra le métal, Ārmaiti la terre, Hauruuatāt les eaux et Amərətāt les plantes). Cette hypothèse (nous dirons : "l'hypothèse élémentaire"), défendue avec de riches nuances que je n'ai pas le loisir de passer en revue, est aujourd'hui encore majoritaire. Apparue avec les débuts de notre discipline, elle a été affirmée de manière particulièrement décidée par Herman Lommel dans sa *Religion Zarathustras* (Tübingen, 1930) et elle a les honneurs de l'ample synthèse de Mary Boyce, *History of Zoroastrianism* (Leiden, 1975), qui fait à présent autorité.

En 1945, dans *Naissance d'Archanges*, Georges Dumézil a cherché à montrer que le groupe des entités avait pour fonction de reproduire l'organisation tripartie du monde divin, dont les cadres se seraient trouvés compromis par la dissolution du panthéon traditionnel, mais serait resté un schéma idéologique trop vivace pour qu'il fût possible de l'abandonner. Aša et Vohu Manah incarneraient la souveraineté magico-religieuse, le premier sous l'aspect varunien, le second sous l'aspect mitrien, et Xšaθra la fonction guerrière, tandis que Hauruuatāt et Amərətāt, fréquemment associés en dvandva, constitueraient le couple gémellaire en charge de la fécondité. Ārmaiti, qui embarrassait Dumézil en 1945, a fini par trouver dans le schéma une place acceptable : l'interprétation, par Stig Wikander, de la figure de Draupadī dans la configuration trifonctionnelle des héros du Mahābhārata a suggéré qu'elle serait l'entité féminine qui transcende les fonctions ou les incarne tour à tour[34]. Insistons bien sur le fait que Dumézil ne nie pas l'hypothèse élémentaire : il en conteste seulement le caractère primaire, voyant en elle un effet de l'idéologie trifonctionnelle. Il paraît logique que les représentants de la fécondité patronnent les forces terrestres de la vie, eaux et plantes, que Xšaθra personnifie le métal dont on fait les armes. Cela marche moins bien avec la première fonction. Il paraît admissible que Aša, subsitut de Varuṇa, soit le patron du feu parce que celui-ci constitue la "matière première" du réel, mais rien ne démontre que la pensée avestique faisait bien cette analyse du rôle du feu dans l'univers. La gymnastique devient

[33] Les passages témoins sont mentionnés par Narten, *op. cit* (n. 9) 103 avec n. 3.

[34] Mise au point dans *Les Dieux souverains des Indo-européens*, Paris 1977, 48.

fort compliquée lorsqu'il s'agit d'expliquer en quoi le souverain mitrien avait pour vocation de patronner la vache.

En 1982, dans *Die Amǝ$a Spǝntas im Avesta*, Johanna Narten a renouvelé de fond en comble les données du problème en appliquant rigoureusement, par réaction aux tendances spéculatrices de ses devanciers, la méthode qui consiste à ne tenir compte que des données textuelles en évaluant précisément le degré de probabilité de chacune d'entre elles. Son examen aboutit d'abord à deux observations, qui permettent de cerner le problème avec plus d'exactitude :

1. le titre de *amǝ$a spǝnta* appartient en fait à l'Avesta récent. Si les termes qui le composent sont mentionnés deux fois, associés, dans le Yasna Haptaŋhāiti, il est anachronique, même si cela paraît commode, de l'utiliser pour les entités vieil-avestiques. Les Gāθā, pour leur part, appellent les entités divines *ahura*, leur décernant ainsi le même titre qu'à Mazdā.

2. l'Avesta récent dit explicitement que les Amǝ$a Spǝnta sont sept, mais la liste ne comprend jamais que six noms. Il ne faut pas songer à recruter Sraoša ou Spǝnta Mainiiu : l'Amǝ$a Spǝnta manquant est le premier de la liste, qu'on mentionne toujours séparément, Ahura Mazdā lui-même.

Narten vient alors à une conclusion d'une extrême importance : les entités vieil-avestiques, que ce soit dans les Gāθā ou dans le Yasna Haptaŋhāiti, ne sont pas représentées par le groupe des six "immortels bienfaisants", qui n'est constitué que dans l'Avesta récent, mais forment encore une liste ouverte. On ne peut les identifier et les dénombrer qu'en relevant avec minutie et précaution les traits de personnification épars. Après enquête, Narten dresse pour les Gāθā ce catalogue très nuancé (53–54) : Aša, Vohu Manah et Ārmaiti, "auch" Spǝnta Mainiiu et Xšaθra, "gelegentlich" Sǝraoša et Aši, "in Ansätzen" Hauruuatāt et Amǝrǝtāt, "vielleicht" Daēnā. Ainsi, Narten rend définitivement caduque, pour la période archaïque, toute interprétation du système des entités dans le cadre du groupe des six "immortels bienfaisants" : s'il n'y a pas de liste close, il est bien évident qu'il n'y a pas de structure. Les derniers chapitres du livre sont consacrés à une réfutation de l'hypothèse élémentaire, montrant que l'Avesta ancien ne met jamais les entités en rapport logique avec les éléments. Le seul trait dont on puisse faire mention est l'affirmation répétée (34.4, 43.4) que le feu rituel tire son *aogah* "autorité" d'Aša, ce dont il est bien hasardeux de conclure qu'Aša est avant tout le patron divin de l'élément cosmique feu. Narten n'accorde, par contre, qu'une brève note à l'hypothèse tripartie (104 n. 12) : elle n'est recevable, dit-elle, que si, d'un bout à l'autre de la tradition mazdéenne, non seulement la liste des entités n'a pas varié, mais non plus leur hiérarchie. Il est clair que ces deux conditions sont balayées par son analyse : l'interprétation trifonctionnelle est exclue dès lors qu'il n'y a pas de liste structurée. J'ajouterai personnellement que deux arguments de détail me semblent réfuter l'analyse qu'avait faite Dumézil :

1. il faut beaucoup de complaisance pour attribuer la fonction guerrière à une entité vieil-avestique et Xšaθra ne s'y prête pas mieux qu'une autre[35]. Il faut bien admettre qu'il y a, dans l'ensemble de l'Avesta ancien, silence total sur le guerrier, ce qui ne veut pas dire qu'il y a comme on l'a parfois affirmé, un pacifisme gâthique. Le récitant ne condamne pas plus la brutalité de ses ennemis qu'il n'exalte l'héroïsme ou le pacifisme de sa propre communauté. L'activité guerrière est tout simplement absente de l'horizon vieil-avestique et nous ne pouvons que le constater. Qu'il s'agisse d'un jugement de valeur ou que la guerre se situe en dehors des préoccupations du genre littéraire et liturgique, notre information ne nous permet pas de le savoir.

2. Dumézil a reconnu en Aşa le souverain du type Varuṇa et en Vohu Manah le souverain du type Mitra essentiellement en fonction d'une interprétation obsolète du Y 29[36] : l'entité qui, dans la strophe 8, prend la parole pour donner un patron à la vache serait Vohu Manah parce que l'instrumental du nom de celui-ci figure dans la question précédente et que l'instrumental passe pour valoir un vocatif. Or, Humbach a fait définitivement justice de cette hypothèse sur la fonction de l'instrumental : le fait que le nom de Vohu Manah figure à l'instrumental dans une question est au contraire le signe indéniable que ce n'est pas à lui que cette question s'adresse.

De façon générale, on peut dire de l'hypothèse élémentaire comme de l'hypothèse tripartie qu'elles sont réfutées par leur gratuité. Aşa, pour prendre l'exemple le plus frappant, est mentionné 151 fois dans les Gāθā. Dans 145 au moins de ces passages, on ne comprend pas mieux ce dont il est question si on a à l'esprit que, sous le masque d'Aşa, il y a l'élément feu ou le souverain du type Varuṇa et, dans les cinq ou six strophes qui semblent conforter l'une ou l'autre de ces deux hypothèses, il faut faire la part de l'illusion et de l'incertitude. Le système des entités doit obéir à une autre logique.

Il nous faut maintenant revenir à la question de l'instrumental, car, si Dumézil a été victime des conceptions qu'on avait de son emploi, il en

---

[35] Kellens, in *Georges Dumézil*, Cahiers pour un temps, Paris 1981, 1557–172.

[36] Hypothèse développée en détail dans *A propos de la plainte de l'âme du bœuf (Yasna 29)*, *Bulletin de l'Académie royale de Belgique* 51, 1965, 23–51.

va de même, dans une certaine mesure, de Johanna Narten. Les premiers interprètes des Gāθā, Geldner, Caland et Bartholomae, avaient été frappés par un fait d'ordre statistique : alors que le nom de Mazdā n'est jamais attesté à l'instrumental, c'est à ce cas que celui des trois entités neutres Aṣa, Vohu Manah et Xšaθra apparaît le plus fréquemment. Il semblait donc y avoir un rapport direct entre le système des entités et l'hypertrophie de la catégorie grammaticale, si bien qu'il apparaissait tentant d'expliquer cette situation de telle manière que la particularité de grammaire parût se prêter à l'expression d'une innovation conceptuelle. Selon une hypothèse ancienne, systématisée en 1929 par Eduard Schwijzer[37], l'instrumental gâthique pouvait se substituer au nominatif et au vocatif des verbes transitifs. On a pu croire que l'extension de cet emploi était dû à l'émergence d'une certaine forme de monothéisme. Selon une interprétation qui a trouvé son acmè avec Maria Wilkins Smith[38] et a profondément influencé la traduction de Duchesne-Guillemin, l'instrumental ne représenterait pas vraiment le sujet du verbe comme tel, ou la personne que l'on interpelle, mais l'aspect particulier sous lequel cette personne est censée agir en l'occurrence. Lorsque Ahura Mazdā accomplit une action et que le verbe exprimant cette action est accompagné de l'instrumental du nom d'Aṣa, de Vohu Manah ou de Xšaθra, cela voudrait dire qu'Ahura Mazdā agit en tant qu'Aṣa, en tant que Vohu Manah ou en tant que Xšaθra. Les entités ne seraient ainsi que les modes ponctuels de l'activité d'Ahura Mazdā, ses aspects, ses hypostases. Cette interprétation relève du postulat et, pour tout dire, de l'incorrigible tendance de l'érudition occidentale à faire elle-même de la théologie mazdéenne. Car il est possible de prendre les choses de manière détendue et d'expliquer avec vraisemblance tous les instrumentaux vieil-avestiques sans exception sans sortir des cadres établis par l'*Altindische Syntax* de Bertold Delbrück. Humbach s'y est efforcé, mais imparfaitement : s'il rejette la substitution au nominatif et au vocatif, il gonfle démesurément la catégorie du comitatif, qui ne concerne pourtant que les noms de personne, et il admet de surcroît que l'instrumental puisse se construire adnominalement, alors que, sauf exception bien définie, le seul cas adnominal de la déclinaison indo-iranienne ancienne est le génitif. Dans la mesure où elle fait de même, Narten reste trop dépendante de l'ancienne conception des fonctions de l'instrumental. En donnant trop généreusement l'avantage à la fonction comitative, elle fait de l'emploi à l'instrumental un critère sûr de personnification. On ne peut, par exemple, conclure à la personnification de la notion de *spǝnta- mainiiu-* en se fondant sur

---

[37] *Indogermanische Forschungen* 19, 1929, 214–271.

[38] *Studies in the Syntax of the Gathas of Zarathushtra*, Philadelphie 1929.

43.6, puisque *ϑβā mainiiū...jasō* ne signifie pas nécessairement "tu viens en compagnie de ton *mainiiu*", mais plus probablement "tu viens grâce à *ou* en raison de ton *mainiiu*". La fonction comitative n'est jamais qu'une possibilité parmi d'autres et la retenir comme critère de personnification, c'est s'enfermer, du point de vue méthodologique, dans un cercle vicieux : un nom de personne à l'instrumental répond régulièrement à la fonction comitative, mais en même temps, tout instrumental, étant présumé comitatif, apparaît comme celui d'un nom de personne. Il vaut mieux laisser l'instrumental hors du débat et ne retenir, comme critères de personnification, que l'emploi au vocatif, l'octroi d'un titre divin et la métaphore familiale. De cette manière, on dénombre six entités gâthiques : Aša, Vohu Manah, Ārmaiti, Xšaθra, Ādā et Daēnā. Les trois dernières, toutefois, ne s'imposent chacune que sur la foi d'un seul passage : *xšaϑra-* figure en coordination avec les noms d'Ahura Mazdā, d'Aša, de Vohu Manah et d'Ārmaiti, dans une expression qui tient lieu de vocatif (33.11) ; *ādā-* est personnifié à la fois par l'emploi au vocatif et l'octroi du titre de *vohu-*, qui signifie à la fois "bon" et "divin" (49.1) ; *daēnā-* figure au rang des *haṇt* "ceux qui sont (toujours)" (44.10). Il vaut d'autant mieux ne pas trop les prendre en considération que leur personnification, comme nous allons voir, a d'autres ressorts et que son caractère tout à fait exceptionnel coïncide avec l'absence de métaphore familiale. Il semble donc bien que ce soit celle-ci qui constitue la véritable pierre de touche. Trois entités fréquentes et prestigieuses sont présentées, dans les Gāθā, comme les fils d'Ahura Mazdā : Aša, Vohu Manah et Ārmaiti. Il y a une subtile dyssimétrie entre les deux entités de genre neutre, qui ont en commun d'être inactives — rarement sujet, elles ne le sont jamais que du verbe "être" — et l'entité féminine, plus rarement mentionnée, mais personnifiée dans tous les cas et qui peut être, comme Ahura Mazdā lui-même, sujet d'un verbe d'action.

Cependant, la liste effective des entités n'est pas close avec ces trois-là. Elles constituent une sorte de noyau dur autour duquel gravitent des entités virtuelles ou moins importantes, que l'on peut classer en trois catégories :

1.   je propose de reconnaître et de définir comme "entités par association" les concepts d'*aši-* "part", *hauruuatāt-* "intégrité du corps", *amərətāt-* "immortalité", *utaiiūiti-* "jouvence" et *təuuīšī-* "robustesse", qui ne sont pas personnifiés selon les trois critères que nous avons retenus, mais qui se trouvent systématiquement entraînés dans le sillage d'Ārmaiti, dont ils partagent le genre. C'est la concession qu'il faut faire, je crois, à l'instrumental comitatif. La personnification d'Ārmaiti est permanente, mais encore contagieuse.

2.   comme Humbach l'a souligné avec force, la rhétorique gâthique a une

forte propension à la synecdoque et à la métonymie[39]. En principe, il s'agit de pures figures de style, mais elles ont pu donner et, en tout cas, elles donneront naissance à l'incarnation divinisée de divers aspects de la piété humaine. Les deux grandes entités Vohu Manah et Ārmaiti sont en partie un produit de la synecdoque, mais, comme nous le verrons, cela ne rend pas entièrement compte de leur statut divin. Il se peut que la figure de style ait déjà accédé à la réalité conceptuelle avec *daēnā-*, qui est présentée comme une divinité en 44.10, mais cette part immatérielle de l'homme, qui assure la liaison entre l'être et sa permanence dans l'au-delà, était prédisposée à une certaine indépendance. Par contre, il est sûr que la synecdoque gâthique donnera à l'Avesta récent, hors la liste des Aməša Spənta, les entités Spənta Mainiiu et Sraoša.

3. il y a enfin les allégories rituelles, comparables aux *tisró devī́ḥ* védiques et représentées par *xšaϑra-* "emprise rituelle sur les dieux" et *ādā-* "dépôt de l'offrande". Si cette dernière accède au rang d'entité, pourquoi *īžā-* "invigoration" et *āzūiti-* "libation" ne pourraient-elles être personnifiées à l'occasion, comme leurs équivalents védiques *íḍā-* et *ā́huti-* et comme elles le sont effectivement dans le Yasna Haptaŋhāiti?

Je résumerai ma position sur la question des entités gâthiques en distinguant entre deux ordres de faits. D'une certaine manière, la liste est fermée. Une triade d'entités subordonnées à Ahura Mazdā accède à un rang divin : ce sont celles dont Narten cite le nom sans faire de réserve. Mais à côté de ce groupe qui constitue effectivement une originalité de la doctrine gâthique, on trouve, en liste ouverte, un nombre indéterminé d'abstractions personnifiées. Celles-ci proviennent de la capacité de la rhétorique gâthique à "produire" de l'entité, par la synecdoque ou par l'allégorie, qui est une constante de la pensée religieuse indo-iranienne. Les Aməša Spənta de l'Avesta récent seront constitués par le premier groupe tout entier et par quelques entités sélectionnées dans le second.

En rendant compte du livre de Narten, Prods O. Skjaervø écrit, avec une certaine amertume, que le meilleur service que l'auteur aurait pu rendre à la question des Aməša Spənta aurait été de publier son édition du Yasna Haptaŋhāiti[40]. C'est à présent chose faite et il apparaît bien que le Yasna Haptaŋhāiti constitue un témoignage essentiel sur les entités. C'est lui qui atteste pour la première fois l'expression *aməša spənta-*, même si c'est un fait dont Narten tend à minimiser la portée. Voyons les choses de plus près et, tout d'abord, représentons-nous la structure du Yasna Haptaŋhāiti.

---

[39] *Op. cit. I* (n. 6) 37–38.

[40] Skjaervø, *Kratylos* 28, 1983 [1984], 81.

Au centre du texte, après deux chapitres d'introduction, le premier consacré à l'acte rituel (*šiiaoϑana-*), le second à la consécration du feu, vient le Yasna proprement dit, c'est-à-dire une litanie en *yazamaidē* "nous sacrifions" :

Yasna 37

1. *iϑā āt̲ yazamaidē ahurəm mazdąm yə̄ gąmcā ašəmcā dāt̲ apascā dāt̲ uruuarå̄scā va ŋᵛhīš raocå̄scā dāt̲ būmimcā vīspācā vohū*

2. *ahiiā xšaϑrācā mazə̄nācā hauuapa ŋhāišcā tə̄m at̲ yasnanąm pauruuatātā yazamaidē yōi gə̄uš hacā šiieiṇtī*

3. *tə̄m at̲ āhūiriiā nāmə̄nī mazdā varā spəṇtō.təmā yazamaidē tə̄m ahmākāiš azdəbīšcā uštānāišcā yazamaidē tə̄m ašāunąm frauuašīš narąmcā nāirinąmcā yazamaidē*

4. *ašəm at̲ vahištəm yazamaidē hiiat̲ sraēštəm hiiat̲ spəṇtəm aməšəm hiiat̲ raocō ŋhuuat̲ hiiat̲ vīspā.vohū*

5. *vohucā manō yazamaidē vohucā xšaϑrəm va ŋᵛhīmcā daēnąm va ŋᵛhīmcā fsəratūm va ŋᵛhīmcā ārmaitīm*

Yasna 38

1. *imąm āat̲ ząm gənābīš haϑrā yazamaidē yā nå̄ baraitī yå̄scā tōi gənå̄ ahuramazdā ašāt̲ hacā vairiiå̄ tå̄ yazamaidē*

2. *īžå̄ yaoštaiiō fəraštaiiō ārmataiiō va ŋᵛhīm ābīš ašīm va ŋᵛhīm īšəm va ŋhīm āzūitīm va ŋᵛhīm frasastīm va ŋᵛhīm parə̄ṇ dīm yazamaidē*

3. *apō at̲ yazamaidē ×maēkaiieiṇtīšcā hə̄buuaiṇtīšcā frauuaza ŋhō ahurānīš ahurahiiā ×huuapa ŋhō hupərəϑβå̄scā vå̄ huuō.γžaϑå̄scā hūšnāϑrå̄scā ubōibiiā ahubiiā cagəmā*

4. *⁺uitī yā və̄ va ŋᵛhīš ahurō mazdå̄ nāmąm dadāt̲ va ŋhudå̄ hiiat̲ vå̄ dadāt̲ tāiš vå̄ yazamaidē tāiš friiąnmahī tāiš nəmaxiiāmahī tāiš išūidiiāmahī*

5. *apascā vå̄ azīšcā vå̄ mātərąšcā vå̄ agəniiå̄ drigudāiia ŋhō vīspō.paitīš å̄uuaocāmā vahištå̄ sraēštå̄ auuā və̄ va ŋᵛhīš rātōiš darəgō.bāzāuš nāšū paitī viiādå̄ paitī sə̄ṇdå̄ mātarō jītaiiō*

Yasna 39

1. *iϑā āt̲ yazamaidē gə̄uš uruuānəmcā tašānəmcā ahmākə̄ṇg āat̲ urunō pasukanąmcā yōi nå̄ jījišəṇtī yaēibiiascā tōi ā yaēcā aēibiiō ā a ŋhən*

2. *daitikanąmcā aidiiūnąm hiiat̲ urunō yazamaidē ašāunąm āat̲ urunō yazamaidē kudō.zātanąmcīt̲ narąmcā nāirinąmcā yaēšąm vahehīš daēnå̄ vanaiṇtī vā və̄ṇghən vā vaonarə vā*

3. *⁺āaṯ iϑā yazamaidē vaŋhūšcā ūṯ va ŋ*ᵛ*hīšcā ūṯ spəṇtə̄ṇg aməṣ̌ə̄ṇg yauuaē-jiiō yauuaēsuuō yōi vaŋhə̄uš ā manaŋhō šiieiṇtī yā̊scā ⁺uitī*

4. *yaϑā tū ahuramazdā mə̄nghācā vaocascā dā̊scā varəšcā yā vohū aϑā tōi dadəmahī aϑā cīšmahī aϑā ϑβā āiš yazamaidē aϑā nəmax̌iiāmahīaϑā išūidiiāmahī ϑβā mazdā ahurā*

5. *vaəhə̄uš x*ᵛ*aētə̄uš x*ᵛ*aētātā vaŋhə̄uš aṣ̌ahiiā ϑβā pairijasāmaidē vaŋhu-iiā̊ fsəratuuō vaŋhuiiā̊ ārmatōiš*

37.1 Ainsi nous offrons le sacrifice à Ahura Mazdā, qui a mis à leur place respective la vache et Aṣa, mis à leur place respective les eaux et les bonnes plantes, mis à leur place respective les lumières-célestes, la terre et toutes les bonnes choses (de l'espace intermédiaire),

2. grâce à l'emprise exercée sur lui, par sa grandeur et ses savoir-faire. Nous lui offrons le sacrifice avec le premier choix des sacrifices qui ... la vache.

3. Adorateurs de l'Ahura, nous lui offrons le sacrifice en énonçant son nom de "Mazdā", de "chéri", de "très bénéfique", nous lui offrons le sacrifice avec nos os et l'animation de nos corps, nous lui offrons le sacrifice avec nos préférences de partisans d'Aṣa, hommes et femmes.

4. Nous offrons le sacrifice au très bon Aṣa, qui est très beau, qui est un Aməṣa Spəṇta, qui gouverne les lumières-célestes, qui gouverne toutes les bonnes choses (de l'espace intermédiaire).

5. Nous offrons le sacrifice à Vohu Manah, au bon Xšaθra, à la bonne Daēnā, à la bonne Fsəratū et à la bonne Ārmaiti.

38.1 Nous offrons le sacrifice à la terre-ferme ici en même temps qu'aux déesses; nous offrons le sacrifice à la terre-ferme qui nous porte et aux déesses, tes filles dignes d'élection, ô Ahura Mazdā,

2. qui sont des femmes comme Īžā, Yaošti, Fərašti, Ārmaiti; comme à celles-ci, nous offrons le sacrifice à la bonne Aṣi, à la bonne Īš, à la bonne Āzūiti, à la bonne Frasasti, à la bonne Parə̄ndi.

3. Nous offrons le sacrifice aux eaux, aussi bien à celles que ... qu'à celles qui ... Filles-épouses de l'Ahura, qui véhiculez et avez du savoir-faire, nous vous offrons un cadeau, car, pour les deux états, vous êtes aisées à traverser, vous ... et vous offrez de bons bains.

4. Nous vous offrons le sacrifice, nous vous choyons, nous vous rendons hommage, nous vous apportons vigueur en énonçant les noms qu' Ahura Mazdā vous donne quand il fait en sorte que vous rendiez les choses bonnes.

5.   Nous disons de vous, eaux, de vous, vaches laitières, de vous, mères, que vous êtes exubérantes, que vous nourrissez qui en a besoin, que vous abreuvez chacun, que vous êtes très bonnes et très belles ...

39.1. Ainsi nous offrons le sacrifice à l'*uruuan* de la vache et à Gə̄uš Tašan, à nos *uruuan* et à ceux des animaux domestiques qui cherchent à gagner notre faveur, la faveur des hommes qui disposent d'eux et la faveur des hommes dont ils disposent,

2.   le sacrifice aussi à l'*uruuan* des animaux sauvages, pour autant qu'ils soient inoffensifs. Nous offrons le sacrifice à l'*uruuan* des partisans d'Aša, hommes et femmes, dont les très bonnes *daēnā* gagnent, gagneront ou ont gagné.

3.   Ainsi nous offrons le sacrifice aux bons et bonnes Aməša Spəṇta, qui vivent éternellement et prospèrent éternellement, qui tiennent quartier auprès de la vache.

4.   La bonne (pensée) comme tu l'as pensée, la bonne (parole) comme tu l'as dite, la bonne (institution-rituelle) comme tu l'as fondée, le bon (geste) comme tu l'as fait, nous les exerçons sur toi, nous te les adressons et par eux nous t'offrons le sacrifice, nous te rendons hommage et nous t'apportons vigueur, ô Ahura Mazdā.

5.   Nous te servons en manifestant notre appartenance spécifique à la bonne famille du bon Aša, de la bonne Fsəratū et de la bonne Ārmaiti.

Les paragraphes 37.1 et 39.4, où *yazamaidē* régit le nom d'Ahura Mazdā, constituent un écho de clôture. L'expression *aməšə̄ṇg spəṇtə̄ṇg* de 39.3 ne peut représenter un item supplémentaire à la liste des concepts dignes de recevoir le *yasna*. Ce n'est pas possible alors que le titre *aməša spəṇta* a été explicitement attribué à Aša, la première entité, directement après Ahura Mazdā, à faire l'objet d'un *yazamaidē* (37.4), et que les noms de la liste recouvrent en partie ceux des entités gâthiques et des sept "immortels bienfaisants" de l'Avesta récent. 39.3 a nécessairement une valeur récapitulative. Cela est d'autant plus clair que, par *iϑā*, écho est fait à 37.1 et, par *aməšə̄ṇg spəṇtə̄ṇg*, à 37.4, si bien qu'il apparaît que la phase de clôture de l'ensemble 37-39 s'amorce avec 39.3. Narten interprète cette phrase de manière ambiguë. Elle la définit comme "umfassende Formulierung", mais c'est après avoir restreint la portée de ce résumé : "Mit diesem Ausdruck [*aməša spəṇta*] wird also wieder auf Wesenheiten der Art Bezug genommen, zu welcher die in Kapitel 37 genannten gehören, deren eine, aša, u.a. das Epitheton *spəṇta- aməša-* hat, zu welcher aber auch *ižā-, yaošti-* etc. (39.2) gehören, obwohl diese sich gerade im Zusammenhang mit *zam-* (38.1) deutlich als eigene Gruppe erweisen. Dass

sie sich dennoch mit den in Kapitel 37 gennanten Wesenheiten zusammen-
gehören, geht nicht nur aus den Begriffsnamen als solchen hervor, sondern
auch aus dem doppelten Vorkommen von *ārmaiti-* (37.5; 38.2), durch das die
beiden Gruppen miteinander verbunden sind. So liegt es nahe anzunehmen,
dass mit diesem letzten yazamaidē-Satz ohne namentliche Erwähnung eine
allgemeingültige Formulierung angestrebt wurde, die alle Wesenheiten dieser
Art umfasst"[41]. Si nous accordons à 39.3 une valeur récapitulative — et
comment faire autrement? —, il faut en tirer sans réserve la conclusion que,
par *aməša spənta*, sont entendus tous les concepts sans exception dont le
nom a été objet de *yazamaidē*. Il n'y a aucune raison textuelle ou objective
de faire une sélection : rien ne permet d'exclure du rang des Aməša Spənta
haptahâtiques la terre et les eaux. Quant à Gāuš Tašan et aux divers *uruuan*,
j'avoue mon embarras. La question est liée à celle de l'emploi de *iϑā*, qui est
trop rare pour que ses particularités soient bien connues. La présence de cet
adverbe en 37.1 et en 39.3 est compréhensible : il introduit la phrase initiale
(37.1) et, en écho, la première des phrases conclusives (39.3) en se référant
aux deux premiers chapitres : "ainsi" signifie économiquement "au moyen de
la triade pensée-parole-geste (35) et en prenant place auprès du feu consacré
(36)". Par contre, on ne voit pas ce qui le justifie à l'initiale de 39.1. J'imagine
deux hypothèses : ou, la circonstance exprimée par *iϑā* valant pour tous les
yazamaidē, la litanie devenait trop longue pour qu'il fût possible de prolonger
plus longtemps le sous-entendu, ou la phrase veut dire ceci : Gāuš Tašan et
les divers *uruuan* vont recevoir le sacrifice "ainsi", c'est-à-dire comme les
autres, en une notation qui implique qu'ils ne font toutefois pas partie de la
même catégorie. Leur appartenance au groupe des Aməša Spənta reste donc
discutable.

Notons que la première phrase (37.1) justifie le culte rendu à Ahura
Mazdā par le caractère grandiose de son action fondatrice. Celle-ci est
exprimée par le verbe *dā* régissant l'accusatif seul, mais il y a plusieurs objets
coordonnés, formant une paire contrastée dans les deux premiers ensembles
(la Vache et Aṣa, les eaux et les plantes), une triade dans le troisième. Ce
type d'emploi correspond au sens de "mettre à sa place respective"[42]. Que
représente la triade? L'opposition entre *raocah-*, littéralement "lumière", et
būmī- "espace terrestre" montre que *raocah-* est le substitut haptahâtique
du nom du ciel, comme *nabah-* l'est en gâthique. Qu'il faille comprendre
vīspācā vohū comme "bonnes choses (de l'espace intermédiaire)" est non
seulement suggéré par sa place dans la triade, mais explicitement donné par

---

[41] *Op. cit.* (n. 9) 68–69.

[42] Kellens, *Mél. Lazard*, Paris 1989, 227 sq.

Yt 13.153 *imaṃca ząm ... aoṃca asmanəm ... tāca vohū ... yā aṇtarəstā*, que quelques allongements de voyelles finales semblent désigner comme une glose ancienne. Il s'agit donc de l'opposition entre les trois espaces, le céleste, le terrestre et l'atmosphérique.

Les épithètes *raocōŋhuuaṯ* et *vīspā.vohū*, que 37.4 accorde à Aṣa, se réfèrent de toute évidence aux termes *raocå scā ... vīspācā vohū* de la troisième fondation d'Ahura Mazdā : elles notifient qu'Aṣa appartient à l'espace céleste et intermédiaire. Entre les "mises en place" d'Ahura Mazdā et les entités qui reçoivent le *yasna*, un lien est donc établi, qui nous livre la clé de l'analyse qui est faite des premières et de la structure du groupe formé par les secondes. Les éléments mis en place par Ahura Mazdā se distribuent en deux paires et une triade contrastées : 1. la vache et Aṣa, 2. les eaux et les plantes, 3. le ciel, la terre et l'espace intermédiaire. La première paire et la triade se superposent : Aṣa, la grande entité céleste et atmosphérique, comme dit explicitement 37.4, correspond à *raocå scā ... vīspācā vohū* et la vache, comme nec plus ultra des êtres vivants, à *būmīmcā*. La seconde paire exprime une opposition secondaire subdivisant le domaine représenté par la terre et par la vache. Elle distingue, dans l'espace terrestre (*būmī-*), deux sous-éléments qui constituent la nourriture de la vache : les eaux et les plantes, que les eaux font jaillir de la terre ferme.

La liste des entités, telle qu'elle est dressée de 37.4 à 39.2, est donc essentiellement constituée par des abstractions associées aux domaines constitutifs de l'univers et par certains de ces domaines eux-mêmes. Sa structure est dictée par l'opposition primaire entre le ciel, l'atmosphère et la terre et l'opposition secondaire, greffée sur le troisième terme de la précédente, entre la terre ferme et l'eau. Nous avons ainsi :

1. les entités célestes et atmosphériques (37.4;5) : Aṣa, Vohu Manah, Xšaθra, Daēnā, Fsəratū et Ārmaiti.

2. les entités terrestres (38) : Zam, Īžā, Yaošti, Fərašti, Ārmaiti, Aṣi, Īš, Āzūiti, Frasasti, Parāṇdi, Āp. Ārmaiti a ceci de particulier qu'elle figure dans les deux catégories.

3. Gə̄uš Tašan et le principe immortel (*uruuan*) de certains êtres vivants : la vache, les sacrifiants ("nous"), les animaux domestiques, les animaux sauvages inoffensifs et les hommes du camp d'Aṣa (39.1-2). Ce dernier groupe, nous l'avons vu, est toutefois à prendre avec réserve.

Les groupes 1 et 2 sont clairement hiérarchisés. Dans le premier, Aṣa exerce une nette prééminence : il est cité en premier lieu, occupe à lui seul une des deux phrases et a droit à une énumération d'épithètes. Dans le second, les éléments naturels jouissent d'une certaine prédilection.

L'association instrumentale paraît bien subordonner à la terre les entités féminines considérées comme *gənā-* "femmes divines" et, à ces dernières, celles qui sont finalement mentionnées au singulier, tandis que les eaux sont invoquées isolément et avec une remarquable insistance (trois longues phrases!). Il faut noter aussi qu'Ahura Mazdā ne peut être mis au rang des Aməṣa Spəṇta haptahâtiques : ceux-ci sont ou représentent ses fondations et leur groupe est strictement délimité par l'écho 37.4 *spəṇtəm aməṣəm* — 39.3 *spəṇtǝṇg aməṣǝṇg*.

Les entités auxquelles le Yasna Haptaŋhāiti décerne le titre de Aməṣa Spəṇta sont en partie celles dont les Gāθā entourent Ahura Mazdā. On retrouve, en tête des deux groupes, Aṣa, Vohu Manah et Ārmaiti, aussi Xšaθra et Daēnā. Les divergences apparentes sont les suivantes :

1. non seulement les Gāθā n'attestent pas le titre d'*Aməṣa Spəṇta*, mais celui d'*ahura*, qui semble en tenir lieu, n'est pas exclusif des entités. Il est attribué à Mazdā lui-même, bien sûr, mais aussi au feu rituel et à Zaraθuštra, peut-être, "laïquement", au propriétaire de bétail.

2. la liste des entités haptahâtiques, contrairement à celle des gâthiques, est presque fermée : seul le caractère exemplatif des pluriels de 38.2 laisse entrevoir de possibles extensions. L'auteur du Yasna Haptaŋhāiti juge bon de s'exprimer sous forme de liste, ce que celui des Gāθā ne fait jamais. Il se pourrait donc qu'un processus de fixation soit entamé.

3. la terre ferme et les eaux n'ont pas sûrement rang d'entité dans les Gāθā. Si elles l'ont, comme un passage pourrait en témoigner (33.10), du moins ne semblent-elles pas avoir la même importance. La doctrine du Yasna Haptaŋhāiti se caractériserait alors par une coloration plus naturaliste.

4. dans les Gāθā, c'est le Y 44. 3-7 qui témoigne de l'association des entités avec les domaines cosmiques. Aṣa et Vohu Manah sont associés à l'ensemble des trois espaces, leur évocation respective (3bb' et 4cc') clôturant le passage consacré à leur fondation, et Ārmaiti n'est mentionnée qu'en relation avec les êtres vivants (6 et 7). Le rôle des entités est défini plus précisément que par l'adjectif d'appartenance (*raocōŋhuuaṇt-*) et le bahuvrīhi *vīspā.vohu-* dont se contente le Yasna Haptaŋhāiti. L'engendrement de l'ordre cosmique est clairement présenté comme le préalable de la cosmogonie et celle de la bonne Pensée rituelle comme son acte ultime avant l'organisation du monde vivant. L'action d'Ārmaiti — soutien apporté à Aṣa, emprise rituelle exercée sur Ahura Mazdā, usage de Vohu Manah — assure à l'homme qui la pratique la jouissance de la vache. Nous aurons à y revenir.

5.   les entités gâthiques ne reçoivent jamais explicitement l'hommage sacri-
     ficiel défini par *yaz*. Le Yasna Haptaŋhāiti affirme donc plus nettement,
     d'une part, la subordination des entités à Ahura Mazdā, en les présentant
     comme ses fondations, d'autre part, leur dignité divine, en leur offrant le
     yasna, si bien que leur nature de dieux à part entière, mais subalternes,
     apparaît en toute clarté.

Il faut dire avec fermeté que nous sommes tout à fait incapables de
savoir si ces divergences sont réelles ou illusoires. Tout peut tenir à une
différence de perspective entre les deux textes. Il se peut que les Gāθā et le
Yasna Haptaŋhāiti ait eu exactement la même doctrine des entités, mais que,
pour diverses raisons, les premières ne l'ont pas exposée avec la technicité
systématique du second. Cela dit, une seule de ces divergences serait-elle
réelle qu'il faudrait en conclure que le système haptahâtique est plus proche
du système récent. Cette affinité pourrait signifier que le Yasna Haptaŋhāiti
est un peu plus récent que les Gāθā, ou correspondre à une question d'école,
à un fait de dialectologie religieuse. Quoi qu'il en soit du rapport entre les
deux documents vieil-avestiques, le système récent des entités doit beaucoup
à celui du Yasna Haptaŋhāiti. Son développement à partir de celui-ci apparaît
comme le résultat de trois opérations :

1.   sélection des entités célestes-atmosphériques du chapitre 37.

2.   inclusion d' Ahura Mazdā, si bien que les Aməša Spəṇta récents seront
     sept comme les divinités qui sont objet de *yazamaidē* en 37.

3.   substitution de Hauruuatāt et d'Amərətāt à Daēnā et à Fsəratū. Non
     seulement ces entités sont spécifiquement gâthiques, mais, incarnant
     certaines forces de fécondité et analogues à celles de 38, elles sont
     associées à l'espace terrestre. La liste des Aməša Spəṇta récents apparaît
     ainsi comme une liste de compromis entre les deux documents vieil-
     avestiques et représentative de l'ensemble des trois espaces cosmiques.
     Il est possible que cette opération ait pu correspondre aussi à la mise en
     place d'une structure trifonctionnelle.

En résumé, nous dirons que les entités vieil-avestiques ne peuvent être
précisément dénombrées. En ce sens, leur liste est ouverte, mais pas autant que
le propose Narten. Dans les Gāθā, une triade dominante (Aša, Vohu Manah,
Ārmaiti) tend à se constituer en panthéon subalterne, tandis que, dans le Yasna
Haptaŋhāiti, on est très près d'une liste stable et hiérarchisée. Dans l'un et
l'autre texte, les entités sont des émanations de l'ordonnance cosmique. Elles
ne résultent pas, toutefois, d'une analyse "élémentaire" de celui-ci, mais de
la vieille représentation indo-iranienne des trois espaces.

La liturgie

Quoique le couplet sur l'antiritualisme des Gāθā se fasse encore régulièrement entendre, nul ne conteste plus, après les travaux de Humbach et de Narten, que les Gāθā et le Yasna Haptaŋhāiti soient des textes liturgiques. Le recours fréquent à des démonstratifs présentatifs et à la fonction verbale de coïncidence montrent qu'ils ont été composés pour accompagner les phases d'une cérémonie. De celle-ci, pourtant, nul détail concret ne nous est livré. Les textes vieil-avestiques ne décrivent pas les péripéties du sacrifice, mais en commentent l'esprit en s'adressant directement à Ahura Mazdā et à ses entités : leur fonction est de parler aux dieux du rituel. Comme l'imperfection de nos connaissances et la manière allusive du texte nous empêchent souvent de comprendre de quoi il est question, le rituel gâthique, non seulement a fait l'objet des avis les plus contradictoires, mais a été souvent sous-estimé, voire nié.

Pour développer mon analyse, je prendrai les choses par un détail[43] qui devrait nous mener, au-delà du rituel, jusqu'à la conception que l'Avesta ancien se fait des dieux, de l'organisation du monde et du rôle de la piété humaine. En même temps, il nous montrera combien le texte resterait incompréhensible s'il n'entrelaçait en permanence les mêmes motifs, perçus dans la même perspective, de telle sorte que la combinaison des passages parallèles, qu'ils soient externes, avec le Ṛgveda, ou internes, permet finalement de dénouer le fil des mots et de la pensée.

Le vieil-avestique atteste deux fois, dans les Gāθā, un mot *dāman-* où l'on reconnaissait jusqu'ici, d'une part le védique *dhā́man-*, d'autre part l'avestique récent *dāman-*. Ces deux équivalents dialectaux sont des mots fréquents et d'une grande importance conceptuelle. L'usage que le Ṛgveda fait de *dhā́man-*, approximativement "institution divine", est bien connu et je rappellerai que le mot avestique récent désigne les parts réservées que les deux démiurges, celui du bien, Ahura Mazdā, et celui du mal, Aŋra Mainiiu, se sont fixées dans l'organisation du monde. Or, en 1975, dans son interprétation

---

[43] *Münchener Studien zur Sprachwissenschaft* 50, 1989, 65–78.

des Gāθā, Stanley Insler a relevé un détail jusqu'alors inaperçu, qui impose une autre étymologie[44] : ce ne peut être un hasard si le mot vieil-avestique *dāman-* se trouve les deux fois à proximité directe d'un dérivé de *hi* "lier", soit *haēϑa-* "lien", soit *hiϑao-* "lieur". Les passages témoins sont les suivants :

46.6 *drūjō huuō dāmąn haēϑahiiā gāt̰*

48.7 *aṣ̌ā viiąm yehiiā hiϑāuš nā spəṇtō at̰ hōi dāmąn ϑβahmī̆ ā dąm ahurā*

Le schéma syntaxique est invariable : *dāman-* est déterminé par le génitif d'un mot qui signifie soit "lien" (*haēϑahiiā*), soit "lieur" (*hōi*, renvoyant à *hiϑāuš*), lequel est lui-même déterminé par le génitif du nom d'Aṣ̌a (*yehiiā*, renvoyant à *aṣ̌ā*) ou de la Druj (*drūjō*). Il faut en conclure, quoi que cela implique par ailleurs pour le mot avestique récent, que le mot védique correspondant n'est pas *dhā́man-* < *dhā* "poser", mais bien *dā́man-* < *dā* "lier". C'est une interprétation inévitable, mais qui soulève une grave difficulté d'ordre sémantique : si *dāman-* et *haēϑa-* ont tous deux le sens approximatif de "lien", leur relation de déterminant à déterminé n'est explicable que s'il ne s'agit pas de synonymes exacts, mais de termes complémentaires. La solution d'Insler — "bonds of captivity" — repose sur la conviction indémontrable que *hi* "has already acquired the special meaning "capture" in the Gathas". Il semble en fait, à l'examen du matériel védique, que les verbes *dā* et *si* traduisent une technique différente : le premier exprime l'action qui consiste à attacher à un support fixe, tandis que le second se réfère à un réseau de cordes et de nœuds — un filet — qui immobilise en enserrant, en ramassant quelque chose sur soi-même. Je proposerai donc de comprendre *haēϑa-* comme "la corde" ou "l'ensemble de cordes, le cordage" et de reconnaître dans *dāman-* le point d'attache de ce cordage, c'est-à-dire le piquet, ce qui explique sans difficulté le rapport entre les deux mots. On a le piquet du lien, ou dont se sert celui qui dispose le lien, d'Aṣ̌a ou de la Druj.

Insler n'a pas perçu toute la fécondité de son étymologie de *dāman-*. Si nous mettons en regard 34.10 *dāmīm ... hiϑąm aṣ̌ahiiā* et 48.7 *aṣ̌ā ... yehiiā hiϑāuš ... hōi dāmąn*, qui combinent clairement les mêmes ingrédients, il apparaît bien que *dāmi-* n'est pas un synonyme gratuit de *dātar-*, mais le nom d'agent correspondant à *dāman-*, comme *hiϑao-* est le nom d'agent correspondant à *haēϑa-*. Il s'agit de celui qui plante le piquet, action préalable à celle d'y attacher le cordage.

---

[44] *Op. cit.* (n.29) 267.

Nous sommes à présent en mesure de discerner ce dont il est question avec l'image des piquets et de la corde. L'acte par lequel Ahura Mazdā (34.10) ou un homme pieux (48.7) "lie" Aša ne peut évidemment être un acte négatif. Dans ce contexte, la fonction des piquets et de la corde ne peut être de retenir prisonnier, mais bien de donner à un assemblage cohérence et solidité. L'image n'est ni guerrière, ni pastorale, mais architecturale. Les piquets et le cordage d'Aša sont les éléments de la métaphore qui représente l'acte par lequel Ahura Mazdā a mis l'univers en ordre comme celui qui consiste à dresser une tente. L'Avesta ancien dessine d'autres traits, avec des mots plus rares : *dar* "soutenir", qu'il faut comprendre de manière littérale et concrète lorsqu'il s'applique à Aša (31.7, 43.1, 46.3, 51.8), la "couverture" (*viiā*)- qu'il faut arrimer (*draṇj*) en 48.7, *dəbąz* et son dérivé *dəbązah*- se réfère aux étais latéraux (44.6, 47.6). La métaphore de la hutte cosmique, dont Alain Christol a récemment relevé les traces dans le domaine indo-européen[45], a donc bien sa version iranienne.

Or, ce qui caractérise le motif iranien, c'est son importance toute particulière dans la doctrine religieuse. Le premier indice d'importance, et le plus général, c'est la fréquence même de la métaphore. Sur 240 strophes gâthiques, une vingtaine au moins l'esquissent de manière plus ou moins précise, plus ou moins complète. C'est beaucoup. Il est plus significatif encore que l'image de la tente que l'on dresse est le seul schéma cosmogonique que retienne l'Avesta : il s'agit bel et bien de la cosmogonie orthodoxe du mazdéisme avestique, ancien ou récent. La théorie en est faite dans les strophes 3 à 7 de la hāiti 44 :

> 3. *taṯ ϑβā pərəsā, ərəš mōi vaocā ahurā*
> *kasnā ząϑā, ptā ašahiiā pouruiiō*
> *kasnā x^v ə̄ng, strə̄mcā dāṯ aduuānəm*
> *kə̄ yā mā̊, uxšiieitī nərəfsaitī ϑβaṯ*
> *tāciṯ mazdā, vasəmī aniiācā vīduiiē*
>
> 4. *taṯ ϑβā pərəsā, ərəš mōi vaocā ahurā*
> *kasnā dərətā, ząmcā adə̄ nabå̄scā*
> *auuapastōiš, kə̄ apō uruuarå̄scā*
> *kə̄ vātāi, duuąnmaibiiascā yaogəṯ āsū*
> *kasnā vaŋhə̄uš, mazdā dąmiš manaŋhō*
>
> 5. *taṯ ϑβā pərəsā, ərəš mōi vaocā ahurā*
> *kə̄ huuāpå̄, raocå̄scā dāṯ təmå̄scā*

---

[45] *Bulletin de la Société de Linguistique* 81, 1986, 181-204, puis *Bulletin des Etudes indiennes* 5, 1987, 11–36.

kə̄ huuāpå, xᵛafnəmcā dāt̲ zaēmācā
kə̄ yā ušå, arə̄m.piϑβā xšapācā
yå manaoϑrīš, cazdō ŋhuuaṇtəm arəϑahiiā

6. tat̲ ϑβā pərəsā, ərəš mōi vaocā ahurā
yā frauuaxšiiā, yezī tā aϑā haiϑiiā
ašəm š̌iiaoϑanāiš, dəbazaitī ārmaitiš
taibiiō xšaϑrəm, vohū cinas manaŋhā
kaēibiiō azīm, rāniiō.skərəitīm gąm tašō

7. tat̲ ϑβā pərəsā, ərəš mōi vaocā ahurā
kə̄ bərəxδąm tāšt, xšaϑrā mat̲ ārmaitīm
kə̄ uzəmə̄m cōrət̲, viiānaiiā puϑrəm piϑrē
azə̄m tāiš ϑβā, fraxšnī auuāmī mazdā
spəṇtā mainiiū, vispanąm dātārəm.

3. Je te demande ceci : dis-moi bien, ô Ahura! Qui est, par engendrement, le père antique d'Aṣa? Qui a fixé ici le chemin du soleil et là le chemin des étoiles? Qui est celui qui fait croître, puis décroître la lune? Ce sont ces choses que je veux savoir, ô Mazdā, et d'autres encore.

4. ... Qui donc a retenu la terre en bas et les nues de tomber? Qui (a mis) ici les eaux et là les plantes? Qui a attelé deux rapides (coursiers) pour le vent et les nuages? Qui donc, ô Mazdā, a planté les piquets à l'intention de Vohu Manah?

5. ... Quel ouvrier a mis ici la lumière et là les ténèbres? Quel ouvrier a mis ici le sommeil et là la veille? Qui a fait du matin, de midi et de la nuit les moments qui rappellent à celui qui désire l'objet de ses désirs?

6. ... Puisque les paroles que je veux prononcer sur les dieux sont bien telles : "Ārmaiti, par sa bonne Pensée (= Vohu Manah) et ses gestes rituels, étaie Aṣa et exerce l'emprise sur toi", pour qui as-tu charpenté la vache laitière, qui (nous) rend plus heureux?

7. ... Qui charpente Ārmaiti, que Vohu Manah admire, et la munit d'emprise rituelle? Qui a mis debout sur la terre, d'intervalle en intervalle, un fils pour le père? Soucieux d'obtenir réponse à ces (questions), je dirige sur toi ma faveur, ô Mazdā, car mon avis bénéfique est que tu es l'auteur de toutes ces mises en place.

Ce passage est l'un des plus clairs de tout le corpus, si bien qu'il n'est pas trop imprudent de se risquer à un commentaire sur le fond. L'acte initial est un engendrement (3bb') : celui d'Aṣa, qui est le principe d'organisation de l'univers et, dans l'ordre de la métaphore, celui de la tente. Nous savons par d'autres passages (31.8, 45.4) qu'il y a aussi engendrement de Vohu Manah et d'Ārmaiti. Puis vient la mise en place des deux grandes oppositions cosmiques, celle du jour et de la nuit, celle du ciel et de la terre. La strophe 3 est consacrée à la première : il y a opposition entre la trajectoire du soleil d'une part (c), le mouvement des étoiles et les phases de la lune d'autre part (c'-d'). Dès ce moment, l'œuvre divine est présentée comme si elle consistait à aménager un territoire : le tracé des chemins précède l'édification de la tente. La strophe 4 décrit l'organisation des trois espaces, le céleste, le terrestre et l'intermédiaire : ce dernier est mentionné avec l'impulsion donnée aux grands phénomènes atmosphériques (dd'), une image qui se rattache au motif du chemin, tandis que sur l'opposition primaire ciel- terre (bb') se greffe l'opposition terrestre secondaire eaux- plantes (cc'). L'opposition entre le ciel et la terre s'exprime en terme de soutien (*dərətā*). Dans l'ordre de la métaphore, les deux oppositions fondamentales constituent donc un motif distinct et complémentaire. Le ciel, qui est le toit de la tente, ne s'analyse pas en fonction du jour et de la nuit, si bien qu'il n'y a pas d'opposition entre le ciel diurne et le ciel nocturne et, en effet, l'avestique n'a pas de mot pour désigner ces notions. L'opposition entre le jour et la nuit est une opposition primaire parallèle à celle de l'opposition entre le ciel et la terre et non une opposition secondaire greffée sur le terme ciel. Elle n'entre pas dans la métaphore de la tente, mais elle est représentée par l'image complémentaire du chemin qui domestique l'espace autour de celle-ci. L'image de la tente intervient au moment où l'action divine consiste à rendre habitable la surface terrestre. Les paires ou triades contrastées de la strophe 5, lumières et ténèbres, sommeil et veille, matin, midi et nuit prennent leur source dans les deux oppositions précédentes et en constituent la version psychologique : elles ont pour fonction de rythmer la vie des êtres vivants. C'est à ceux-ci que les strophes suivantes sont consacrées : 6 s'interroge sur la vache, 7 sur l'homme et sa piété (significativement, c'est ici que le texte passe, avec *tāšt*, au présent). L'érection des piquets qui serviront à Vohu Manah (4 dd') a lieu au moment charnière où l'action cosmique s'achève et où commence l'organisation du monde vivant. C'est à présent aux deux grandes entités exclusivement rituelles de jouer : Vohu Manah, mais aussi Ārmaiti, qui, par des étais et par l'emprise qu'elle exerce sur Ahura Mazdā, assure à l'homme la jouissance de la vache (6). Prenons donc bien garde au fait que planter les piquets et fixer le cordage d'Aša n'est pas le propre des dieux. Non seulement les hommes contribuent par leurs pratiques à préserver l'ordre du monde, comme il est dit ici et en 31.7, mais leur activité rituelle est conçue sur le modèle de l'acte fondateur des dieux : l'activité rituelle soutient Aša (46.3), soit fait le dernier nœud du cordage, soit emprunte le dernier tournant du chemin (43.5); rappelons que, en 48.7, c'est l'homme bénéfique (*nā spəṇtō*) qui "lie" Aša. Par effet de logique circulaire, c'est alors aux dieux d'apporter leur concours : le fidèle leur demande d'arrimer la couverture de Vohu Manah et d'assurer ainsi la réussite finale de leur entreprise (48.7). Par un de ses aspects, le rituel est donc le microcosme où l'homme, tout en aidant à maintenir la cohésion du monde, reproduit symboliquement l'œuvre cosmogonique des dieux. Et comme cela n'est pas possible si ces dernières n'y apportent pas leur aide, le rituel n'est pas seulement la reproduction d'un modèle, mais il scelle l'intime complicité entre les dieux et les hommes. Telle est donc la métaphore de la tente, qui traduit l'idée que l'homme vieil-avestique se fait de la cosmogonie, mais aussi du rituel. C'est dans son application à celui-ci que réside le troisième indice d'importance de l'image. On sait que les textes opposent en permanence le partisan d'Aša (*ašauuan-*) à celui de la Druj (*drəguuaṇt-*). Or le rapport sémantique exact entre *aša-* et son adjectif dérivé *ašauuan-* ressort de l'opposition terme à terme, en 51.8, de *drəguuaṇt-* et de la locution *yə̄ ašəm dādrē* : l'*ašauuan* est celui "qui soutient Aša". L'opposition fondamentale entre *ašauuan-* et *drəguuaṇt-* est enracinée dans la métaphore de la hutte cosmique.

Une particularité remarquable de l'image iranienne, c'est son dédoublement. A côté de la hutte que dresse Ahura Mazdā, dont Aša est le principe d'agencement et qui fournit un modèle au bon rituel, il y a la hutte de la Druj, explicitement mentionnée dans deux strophes : 46.6 *drūjō huuō dāmąn haē∂ahiiā gā̊* "celui-là ira aux piquets du cordage de la Druj". 51.10 *huuō dāmōiš drūjō hunuš* "il est le fils de celui qui plante les piquets de la Druj".

Comment ne pas mettre en rapport l'existence de deux huttes cosmiques distinctes, l'une régie par le principe d'Aša, l'autre par celui de la Druj, avec l'effacement de l'opposition entre le ciel diurne et le ciel nocturne ? L'absence de l'idée de "tendre", si importante en védique, est la manifestation la plus sensible de cet effacement : c'est le signe même que le motif de l'alternance entre le jour et la nuit, qui sont les deux toiles que les dieux tendent successivement sur le monde, s'est considérablement modifié. Nous observons qu'il est sorti de la métaphore de la hutte pour laisser place à une opposition entre l'agencement réel (*aša-*) et l'agencement illusoire, trompeur (*druj-*). Les deux oppositions, toutefois, se recouvrent en partie. Ahura Mazdā et Aša sont indissolublement liés au monde de la lumière. Cela apparaît particulièrement bien dans les passages clés du cœur du Yasna Haptaŋhāiti, au début de la litanie en *yazamaidē* dont nous avons parlé la semaine dernière et qui présente l'univers comme la fondation d' Ahura Mazdā : 36.6 *sraēštąm aṯ tōi kəhrpə̄m kəhrpąm āuuaēdaiiamahī mazdā ahurā imā raocå barəzištəm barəzimanąm auuaṯ yāṯ huuarə̄ auuāci* "nous te reconnaissons, ô Ahura Mazdā, le corps le plus beau des corps : ce ciel, parmi les hauteurs, celle qui est aussi haute que le soleil vu par un d'ici-bas". Ce qui veut dire que le ciel lumineux (*raocå*), d'ici (*imā*) jusqu'en haut (*barəzištəm*), depuis celui qui le contemple ici-bas (*auuācī*) jusqu'au soleil (*huuarə̄*), c'est la forme visible de Ahura Mazdā (*tōi kəhrpə̄m*).

De la même manière, dans la phrase suivante et son prolongement de 37.4, Aša est présenté comme le patron du monde céleste et intermédiaire. Le premier de ceux-ci a pour désignation le nom même de la lumière : *ašəm ... hiiat̰ raocō̄ŋhuuat̰*. L'association avec le ciel lumineux confère tant à Aša qu'à la forme d' Ahura Mazdā leur caractère de beauté éclatante (35.5 *ašā srīrā*, 36.6 *sraēštąm at̰ tōi kəhrpə̄m*, 37.4 *ašəm ... hiiat̰ sraēštəm*), définie par l'adjectif *srīra-* et son superlatif *sraēšta-*. Cette beauté n'est pas propre à la conception haptahâtique d' Aša. La strophe gâthique 30.1 la traduit en substituant *darəsata-* à *sraēšta-* (*ašā.yecā yā raocə̄bīš darəsatā*), ce qui, soit dit en passant, révèle une nouvelle divergence terminologique entre les deux textes vieil-avestiques. Cet emploi de *darəsata-* montre que c'est la nature céleste-diurne du grand dieu et de sa principale entité qui fait que le verbe *dars* "voir" leur est si fréquemment appliqué : 28.5 *ašā kat̰ ϑβā darəsānī*, 32.13 *yə̄ īš pāt̰ darəsāt̰ ašahiiā*, 43.5 *hiiat̰ ϑβā* (= Ahura Mazdā) *aŋhə̄uš zaϑōi darəsəm*, 45.8 *nū zīt̰ cašmainī viiādarəsəm ... yə̄m ahurəm mazdąm*.

Si la cosmogonie est structurée par la dichotomie entre Aša, associé à la lumière du jour, et la Druj, associée aux ténèbres de la nuit, qu'en est-il du rituel que cette cosmogonie inspire ? Théoriquement, il serait logique que le bon rituel fût diurne et le mauvais nocturne. Mais, à vrai dire, nous sommes confrontés à une question très difficile, qui est celle des pratiques concrètes du rituel vieil- avestique[46]. Le caractère allusif des Gāϑā a toujours empêché les spécialistes de s'entendre sur la nature des pratiques prônées ou rejetées. On a cru, souvent, pouvoir lire dans le texte une condamnation du sacrifice sanglant et du pressurage de soma/haoma :

32.14 *ahiiā ... nī kāuuaiiascīt̰ xratūš nī.dadat̰ ... hiiat̰ vīsəṇtā drəguuaṇtəm auuō hiiat̰cā gāuš jaidiiāi mraoī yə̄ dūraošəm saocaiiat̰ auuō* "lorsqu'ils acceptent d'apporter leur faveur au trompeur, les kavi soumettent leur intelligence à celui qui fait flamboyer la faveur *dūraoša* (= le haoma ?), lorsque la vache est maltraitée pour être tuée".

48.10 *mūϑrəm ahiiā madahiiā yā ... karapanō urupaiieiṇtī* "l'urine de cette liqueur (= le haoma), par laquelle les karapan donnent la colique".

Ces deux allusions sont si troubles qu'il est possible, en toute rigueur, de les interpréter de trois manières :

---

[46] Analyse détaillée chez Kellens-Pirart, *op. cit.* (n. 30) 32–36.

1. il y a effectivement un rejet radical des pratiques mentionnées : il ne
    faut ni immoler la vache ni pressurer le haoma.

2. il y a seulement mise en cause de leurs formes excessives. En mettant
    l'accent sur "maltraiter" ou "donner la colique", on comprendra que
    sont exclues les formes cruelles de mise à mort et l'usage d'un haoma
    toxique, dont les effets secondaires ne sont pas jugulés par l'addition de
    lait.

3. l'immolation et le pressurage font partie sans réserve du rituel vieil-
    avestique comme du rituel védique et du néo-avestique. La critique de
    32.14 et de 48.10 porte essentiellement sur les acteurs (kavi, karapan)
    et les bénéficiaires (*drəguuaṇt*) du rite. Il faut ajouter que traduire
    mūϑrəm ahiiā madahiiā par "ordure", pisse de liqueur", c'est jouer de
    manière mystifiante sur les similitudes de construction entre l'apposé et
    le complément déterminatif dans les langues modernes. *madahiiā* est au
    génitif : ce n'est donc pas l'apposé de *mūϑrəm*, mais son complément
    déterminatif. Il faut traduire "l'urine de cette liqueur" et comprendre
    comme on pourra (l'urine particulière que provoque l'ingestion de cette
    liqueur ?).

Quoi qu'il en soit de l'immolation et du pressage, quelques passages,
rares et allusifs eux aussi, concordent soit pour condamner le rituel nocturne,
soit pour confesser le rituel diurne. La définition de l'adversaire, en 32.10,
comme "celui qui récite un très mauvais (hymne) pour voir de ses yeux la
vache et le soleil" prête au sacrifice de celui-ci le but de faire réapparaître
l'aurore, ce qui implique son caractère nocturne. 43.16 décrit comme "exposée
au soleil" l'emprise exercée par la docilité rituelle de Zaraϑuštra. En 46.3,
l'intelligence des sacrifiants qui apportent à Aša le soutien de l'existence —
il n'est pas indifférent que nous soyons dans le contexte de la hutte cosmique
— reçoit, en apposition, l'appellation métaphorique de "taureau des jours".
L'expression réapparaît, avec une précision supplémentaire, en 50.10 : le
"taureau des jours" mérite de recevoir dans son œil les lumières du soleil
et celles-ci sont destinées à prier Ahura Mazdā. L'Avesta récent témoigne
encore, de façon très explicite, de l'opposition entre le sacrifice diurne des
ašauuan et le sacrifice nocture des *drəguuaṇt* : "Arəduuī Sūrā Anāhitā, que
deviennent les libations que les *daēuuaiiasna drəguuaṇt* t'offrent après le
coucher du soleil ?" (Yt 5.94) ; "que mes libations aillent dans la lumière, non
dans les ténèbres !" (N 68).

Le caractère diurne du rituel implique nécessairement que le sacrifice
vieil-avestique n'a pas le but qui est prêté à celui de l'adversaire, à savoir
assurer la réapparition quotidienne du soleil. La fin qu'il poursuit, 49.10

permet de le préciser : *taţcā mazdā ϑβahmī ā dąm nipåŋhē manō vohū urunascā aṣāunąm nəmascā yā ārmaitiš* "Voici ce que que tu abrites dans ta maison, ô Mazdā : Vohu Manah, l'*uruuan* des partisans d'Aṣa et l'hommage avec lequel il y a Ārmaiti". Il est clair que nous sommes au cœur d'un passage qui traite de l'eschatologie. La strophe précédente affirme que le *mīžda-*, c'est-à-dire, "la récompense" et, le plus souvent, "la récompense eschatologique" constitue l'objectif rituel des fils de Dəjāmāspa. La suivante voue les *drəguuaṇt* à une abominable existence *post mortem*. Que 49.10 parle bien de l'au-delà, 28.11, qui est un passage parallèle, le confirme encore en appuyant le verbe "abriter" du datif de temps *yauuaētāitē* "pour l'éternité". Nous avons ici l'exposé relativement explicite de la conception vieil-avestique du paradis : Ahura Mazdā abrite dans sa maison, pour toujours, Aṣa, Vohu Manah, l'*uruuan* de ceux qui soutiennent Aṣa et l'hommage rendu avec Ārmaiti. C'est-à-dire qu'il accueille en hôte l'âme des fidèles avec les caractéristiques positives du culte que ceux-ci lui ont rendu de leur vivant. Le sort de l'âme apparaît comme le résultat nécessaire, non d'une conduite éthique dont il n'est question nulle part, mais de la nature des pratiques sacrificielles et c'est une des caractéristiques essentielles du système vieil-avestique que cet accent mis sur la fonction eschatologique du sacrifice.

Les choses se passent de la manière suivante. Quand le sacrifice est rendu avec compétence (*rādah-*, *arədra-*), par quelqu'un qui agit de manière adéquate (*dāϑa-*) et au moment voulu (*ərəϑβa-*), les dieux concèdent l'emprise sur eux (*xšaϑra-*). Cette emprise est considérée comme l'aide divine par excellence (*rafəδra-*, *rafənah-*) et c'est en l'exerçant que le sacrifiant réussit à ouvrir le chemin rituel (*paϑ-* ou *aduuan-*), qui permet un va et vient et un échange de dons (*maga-*) entre les dieux et les hommes. Ces dons réciproques sont les diverses forces de vie (*jiiātu-*) : *īš-* "vigueur", *sauuah-* "gonflement, opulence", *utaiiūiti-* "jeunesse éternelle", *təuuīšī-* "robustesse", *hauruuatāt-* "intégrité du corps", *amərətāt-* "immortalité". L'échange a lieu dans l'actualité de la cérémonie sacrificielle conçue comme un rite d'hospitalité. Les hommes accueillent les dieux et leur font des offrandes qui renforcent leur puissance et garantissent leur immortalité, tandis que les dieux accordent aux hommes prospérité et longévité "pour l'état matériel, pour cet état-ci". En même temps, le sacrifice enclenche le mécanisme d'une autre réciprocité, qui est celle de l'hospitalité : il contraint les dieux à accueillir chez eux, après la mort, l'*uruuan* du fidèle et constitue la préfiguration symbolique de cet événement. La jeunesse éternelle, la vigueur, l'intégrité et l'immortalité sont aussi les "butins" (*āiiapta-*) de "l'état de pensée", c'est-à-dire de l'état de vie dont le rituel est l'expression : gagnés symboliquement dans l'actualité du sacrifice, ils seront acquis de manière concrète et définitive dans la réalité future, lorsque l'*uruuan* accèdera à l'au-delà.

Offrir aux dieux l'immortalité implique que le sacrifice comporte l'offrande de quelque chose qui est considéré comme immortel. Il pourrait s'agir du soma/haoma, comme dans le rituel védique, mais ce n'est pas sûr. Non seulement le rite a pu être condamné, mais le haoma était peut-être bu par les fidèles. Disons prudemment que quelque chose s'y est soit substitué, soit ajouté comme offrande d'immortalité. Plusieurs passages vieil-avestiques ne s'expliquent bien que si on les met en rapport avec un témoignage de la tradition grecque sur le sacrifice sanglant. Strabon, décrivant la religion iranienne d'après Hérodote, qu'il enrichit du témoignage d'Onésicrite et de ses propres observations, rapporte que la victime est dépecée et la viande exposée sur une jonchée, mais précise qu'aucune portion n'est assignée aux dieux, ceux-ci n'exigeant que l'âme. Or cette conception correspond très exactement à celle que supposent les P33 avestiques : *gaospəṇta gaohudå baoδasca uruuānəmca fraēšiiāmahi nazdišta upa ϑβaršta raocå narš casmanå sūkəm* "Vache bénéfique, vache généreuse, nous expédions tes sens et ton *uruuan* vers les plus proches lumières façonnées, à savoir l'éclat des yeux de l'homme". La mise à mort consiste donc à envoyer l'âme de la victime vers les lumières, les plus proches d'abord et les seules mentionnées dans ce fragment, puis, vraisemblablement, vers le feu sacrificiel, les astres et les lumières infinies qu'habitent les dieux. Il semble donc bien que l'*uruuan* de la vache constitue l'offrande d'immortalité par laquelle le sacrifiant assure le souffle éternel des dieux : 45.10 *təm ... yə̄ ąnmə̄nī mazdā srāuuī ahurō hiiaṯ hōi aṣ̌ā vohucā cōišt mana ŋhā* "Ahura Mazdā, qui est connu pour le souffle que (Ārmaiti) lui confère par Aṣa et par Vohu Manah". Par la même occasion, c'est l'*uruuan* de la vache qui cristallise tout le symbolisme eschatologique du rituel. L'âme de la vache sacrifiée parvient au monde divin par le chemin rituel. Elle est, lors de chaque cérémonie, le substitut de l'*uruuan* humain en ceci qu'elle fait le voyage que celui-ci fera un jour vers l'au-delà, accédant au but que le fidèle a choisi par ses pratiques rituelles : les lumières du jour et la tente d'Ahura Mazdā. Soit dit en passant, on voit bien que l'idée d'un voyage de l'âme de la victime vers les dieux est incompatible avec certaines techniques de mise à mort. Certains passages semblent effectivement condamner l'étouffement, c'est-à-dire la retenue du souffle (44.20). Le nom de l'entrave et de l'entorse qu'elle provoque (*rəma-*) accède au rang d'allégorie mauvaise. Le fait que la victime doit être laissée libre explique assez bien l'absence d'une version iranienne du *yūpa*.

Peut-être — les données textuelles sont obscures — l'*uruuan* de la vache est-il accompagné dans son trajet par la *daēnā* du sacrifiant. La *daēnā* est la part mobile, pérégrinante de l'âme humaine, celle qui assure la liaison entre l'*uruuan*, l'âme interne au corps, que la mort libère, et la *frauuaṣi*, l'âme céleste, et, à la mort, elle procède à leur réunion. Il est tentant et parfaitement licite de lire dans quelques strophes que la projection sur le chemin rituel d'une partie spécialisée de l'âme du sacrifiant, accompagnant l'âme de la victime, se traduisait par une scène de mort feinte, que ce soit un pur mime ou une pratique extatique : ainsi, en 33.14, Zaraθuštra fait don de la mobilité de son corps (*uštana-*) à Ahura Mazdā ; 43.4 le qualifie de *taxma-* "immobile, raide, figé" et c'est une telle attitude qui est attendue aussi de Pourucistā en 53.3 (*tŝmcā.tū pourucistā*). Ce serait dans cet aspect chamanique du sacrifice vieil-avestique qu'aurait pris source le motif du voyage dans l'au-delà, qui a fini par prendre tant d'importance dans la tradition mazdéenne[47].

Les Gāθā et le Yasna Haptaŋhāiti sont bien des textes liturgiques au sens étroit du terme, c'est-à-dire composés dans le but exclusif d'accompagner une cérémonie sacrificielle. S'ils échappent au cadre de la liturgie, c'est dans la mesure où ils témoignent d'un système de représentations religieuses où s'articulent la cosmogonie, le rituel et l'eschatologie. Dans ce système, le rituel occupe une position centrale : c'est le lieu, d'une actualité sans cesse renouvelée, où se produit la transition entre l'acte cosmogonique des dieux, qu'il reproduit symboliquement et dont il sauvegarde les effets, et le sort *post mortem* des hommes, qu'il garantit. Autour de ce pivot, notons-le, la symétrie est imparfaite : d'un côté, l'aurore du monde, de l'autre, la succession innombrable des fins individuelles. Mais il faut se rendre à l'évidence : malgré Mary Boyce[48], les textes ne disent strictement rien d'un jugement dernier ou d'une rénovation du monde, et ils n'en diront rien avant très longtemps. L'univers vieil-avestique n'est pas censé finir et l'eschatologie reste individuelle.

Ainsi, la caractéristique même du système vieil-avestique, c'est la dichtomie permanente qu'il introduit dans le cours des choses, depuis la cosmogonie jusqu'à la fin de chaque individu. Il y a une bonne et une mauvaise hutte cosmique, dont il découle qu'il y a un bon et un mauvais rituel, dont il découle qu'il y a un bon et un mauvais accueil dans l'au-delà. Le principe qui régit la bonne filière est celui d'agencement (*aṣa-*), le principe qui régit la mauvaise est celui d'agencement fallacieux (*druj-*). La religion iranienne se distingue donc l'indienne par deux traits importants : elle présente une version durcie, systématisée, de l'opposition entre *ṛtá-* et *drújh-* ; en

---

[47] Philippe Ginoux, *Journal Asiatique* 1979, 41–79.

[48] Mary Boyce, *Bulletin of School of Oriental and Studies* 47, 1984, 57–75, réfutée par Philippe Gignoux, *Comptes-rendus de l'Académie des Inscriptions et Belles-Lettres*, avril-juin 1986, 334–346.

associant le premier au ciel diurne et le second au ciel nocturne, elle instaure
une règle de fonctionnement du monde qui n'est pas l'alternance, mais la
séparation radicale. Ce système, le mot "dualisme" ne convient pas trop
mal pour le définir, à condition de bien savoir ce qu'on entend par là. Il
s'agit bel et bien d'un dualisme cosmique, puisqu'il est à l'œuvre dans la
cosmogonie et que tout en découle; il n'est ni éthique, ni psychologique.
Si on a pu nourrir des illusions à cet égard, c'est à cause de l'importance
que l'Avesta ancien, préfigurant le récent, accorde à l'opposition entre deux
mainiiu — deux "esprits" pour traduire de manière conventionnelle et fort
inexacte. J'ai eu l'occasion, à diverses reprises, d'aborder la question des deux
mainiiu[49] : cela me permettra de ne pas y revenir longuement ici et d'éviter
de longues discussions philologiques, qui seraient déplacées. A ce qu'il me
semble, l'emploi des formes verbales dans les passages témoins exclut qu'il
y ait un mythe des deux "esprits" et aucun emploi de *mainiiu*- ne satisfait
aux critères de personnification que nous avons définis la semaine dernière.
En réalité, le *mainiiu* est une force mentale essentiellement humaine : c'est
l'acte de pensée qui permet au fidèle de mettre son rituel en conformité
avec la cosmogonie. Dans la doctrine vieil-avestique, le *mainiiu* est l'un des
instruments privilégiés de la connaissance religieuse. Il est évident que l'acte
cosmogonique se trouve hors de portée de la constatation directe et, pourtant,
l'homme doit en prendre connaissance puisqu'il doit organiser son rituel en
fonction de cet acte. *mainiiu* désigne la prise de conscience qui résout cette
aporie. Je me référerai une fois de plus au passage cosmogonique 44.3–7.
Après avoir posé une série de questions sur l'auteur de la cosmogonie, le
chantre conclut en exprimant une conviction qui tient lieu de réponse (7 d'-e').
Je traduis en paraphrasant un peu lourdement : "Soucieux de (recevoir une
réponse à) ces (questions), c'est vers toi que j'oriente ma faveur, ô Mazdā, car,
selon la prise de conscience bénéfique que j'ai eue, c'est toi qui as procédé à
toutes ces mises en place". Le *mainiiu* est donc la force mentale qui permet
à l'homme d'avoir un avis sur la cosmogonie et de choisir le rituel qui en
découle. En ce qu'il est l'instrument d'articulation de la phase cosmogonique
et de la phase rituelle des filières, il joue un rôle incontestable dans le système
dualiste, mais un rôle partiel, et il n'en constitue en tout cas pas le fondement.
Le fondement du dualisme mazdéen, ce n'est pas l'opposition entre deux
mainiiu, quoi qu'il adviendra plus tard, mais l'opposition entre *aṣa*- et *druj*-.

Dans le *Zoroaster* de 1952, Henning a écrit que le dualisme gâthique
était "a protest against monotheism"[50]. Cette formule célèbre postule, dans

[49] Surtout *History and Anthropology* 3, 1987, 251–252.

[50] *Op. cit.* (n.4) 46.

un terrible raccourci, que le mazdéisme résulte du passage du polythéisme au monothéisme, puis du monothéisme au dualisme. Dans la mesure où ce dualisme n'est pas éthico-psychologique, mais bien cosmique, et nonobstant les réserves qu'il convient de faire, et que nous ferons, sur le mot "monothéisme", il me paraît préférable de retourner la formule : le "monothéisme" vieil-avestique apparaît comme une protestation contre le dualisme. A une conception du monde dominée par l'idée de séparation correspondent naturellement des divinités non ambiguës, voire un garant tout puissant de la séparation des filières. Le rôle prééminent d' Ahura Mazdā est une évidence. Il domine les divinités de la bonne filière, mais il l'emporte aussi sur les dieux éventuels de la mauvaise. Non seulement il est l'auteur de la séparation primordiale entre les deux filières, mais sa prépondérance est corrélative à la prépondérance qui doit revenir à la bonne filière et à la prédilection que l'homme doit nourrir pour elle.

L'existence d'une divinité hiérarchiquement prééminente, mais qui est loin d'être la seule, à incité à faire un choix entre les termes de polythéisme et de monothéisme. Je n'entends pas être victime de cette alternative aussi absurde que celle de la bouteille à moitié vide ou à moitié pleine. On a aussi forgé le mot "hénothéisme" pour se tirer d'affaire dans des situations comme celles-ci. Mieux vaut voir, au-delà de l'étiquette, comment le système fonctionne. Les textes mettent l'accent sur l'importance d'Ahura Mazdā. Il a, à l'aube des temps, séparé les deux filières et il est le souverain de la bonne. Il est le seul auteur de la cosmogonie : 44.7 le définit comme *vīspanąm dātar-* "celui qui a mis toute chose à sa place respective", il dresse les piquets et fixe le cordage d'Aša. Partant, il doit être le seul bénéficiaire du rituel : c'est le sujet même du Y 35. Enfin, il est le seul hôte des morts : le "paradis" vieil-avestique est très explicitement désigné, en gâthique, comme la "tente" (*dam-*) d' Ahura Mazdā, en haptahâtique, comme son "cortège" (*haxman-*). Aucune autre divinité ne jouit évidemment d'un rang égal.

1. Il y a d'abord les entités dont nous avons parlé la semaine dernière. Dans les Gāθā, Ahura Mazdā produit par engendrement les trois plus importantes, qui sont d'une certaine manière les trois seules. Ce sont les abstractions associées à son œuvre : Aša, principe d'agencement de la hutte cosmique, puis Vohu Manah et Ārmaiti, les deux qualités rituelles qui contribuent à assurer sa cohésion permanente. Dans le Yasna Haptaŋhāiti, les entités sont les génies des divers départements cosmiques et elles ont droit, après Ahura Mazdā, à recevoir le *yasna*.

2. Quel est, dans ce système, la place des *daēuua*, dont le nom correspond au titre (*devá-*) que les dieux indiens portent en conformité avec l'héritage indo-européen (**deiu̯ó-*), et finira par désigner les démons

du mazdéisme ultérieur? Dans les textes vieil-avestiques, la situation des *daēuua* est extrêmement trouble. Tout d'abord, nous ne pouvons savoir qui ils sont : leur nom personnel n'est pas mentionné, si bien que nous ne pouvons affirmer autrement que par conjecture arbitraire que les *daēuua* sont les dieux équivalant à telle ou telle divinité du Veda ou de l'Avesta récent. De plus, la critique qui leur est adressée est singulièrement nuancée. Je donnerais cher pour comprendre ce que veut dire 32.3 *aṯ yūš daēuuā vīspåŋhō akāṯ manaŋhō stā ciϑrəm ... drūjascā pairimatōišcā*, qui situe visiblement les *daēuua* par rapport aux abstractions antonymes de celles qu'incarnent les entités (*akāṯ manaŋhō* ≠ *Vohu Manah*, *drūjas°*≠ Aṣa, *pairimatōiš°*≠ Ārmaiti). Mais l'expression reste incompréhensible, d'une part parce que l'éventail sémantique de *ciϑra-*, à partir du sens littéral de "qui est facilement remarqué", est trop large, d'autre part, parce que nous ne trouvons pas, dans tout l'iranien ancien, une syntaxe analogue : le verbe "être" (*stā*) rapporte au sujet (*daēuuā*) un adjectif substantivé au nominatif-accusatif singulier neutre (*ciϑrəm*) et le tout est assorti d'une coordination à l'ablatif singulier (*akāṯ manaŋhō* etc...). On peut toujours, comme nous l'avons tous fait jusqu'ici, donner une solution *ad hoc*, mais il est plus honnête et plus juste de reconnaître que l'expression échappe à notre compréhension. Il est seulement sûr que l'on reproche aux *daēuua* de ne pas savoir faire la différence entre le bon *mainiiu* et le mauvais (30.6) et d'admettre l'*aēnah-/énas-* (32.4) qui caractérise le rituel de ceux qui leur sacrifient. Nous ne sommes pas en mesure de définir avec précision le discrédit qui frappe cette catégorie divine : est-elle en voie de démonisation ou seulement en train de passer au second plan? Prenons bien garde au fait que le mazdéisme ultérieur ne plaide pas pour l'un ou l'autre membre de l'alternative : car, s'il consacre la déchéance du titre, il est probable qu'il conserve et respecte les personnes. Dans l'état actuel de nos connaissances, le mieux à faire est de rester prudent et de respecter les nuances du texte en présentant les choses de la manière suivante, qui ne peut faire de mal : l'Avesta ancien, contrairement à l'Avesta récent, ne qualifie pas les *daēuua* de *drəguuaṇt-* — ils ne sont donc pas relégués dans la mauvaise filière —, mais leur dénie le droit au *yasna*, qui est l'apanage d'Ahura Mazdā et de ses entités.

Entouré d'un groupe divin qui émane de lui et d'un autre dont la perte de prestige est radicale, Ahura Mazdā se trouve superbement isolé au haut du panthéon. Cette allure monothéiste de la religion vieil-avestique a voilé son caractère dualiste. Celui-ci s'imposerait plus clairement si Ahura Mazdā, édificateur de la tente d'Aṣa, cible du bon rituel et hôte du paradis, avait un adversaire direct, édificateur de la tente de la Druj, cible du mauvais rituel et hôte de l'enfer. Eh bien, l'existence de ce souverain de la mauvaise filière ne me semble faire aucun doute, même si elle n'est l'objet que de rares allusions. Deux au moins sont sûrement repérables. La mise en parallèle de 35.4 *huxšaϑrō.təmāi bā aṯ xšaϑrəm ... huuąnmahicā hiiaṯ ahurāi mazdāi* et de 31.15 *yə drəguuāitē xšaϑrəm hunāitī* démontre que les Gāθā s'en prennent à une divinité bien précise, objet du mauvais rituel, qu'elles ne désignent pas autrement que par l'adjectif *drəguuaṇt*-. 51.10 *dāmōiš drūjō hunuš* atteste explicitement l'existence d'un planteur des piquets de la Druj. Quel peut bien être le nom de ce dieu organisateur de la duperie? Je voudrais, avec toutes les réserves préalables, faire la remarque suivante. La strophe 32.8 mentionne le nom de Yima dans un contexte qui, pour être incompréhensible, lui prête sûrement une action négative, mais aussi des caractéristiques divines : il donne aux *mašiia*, c'est-à-dire aux hommes en tant qu'adorateurs des *daēuua*, l'agréation, définie par le verbe *xšnū*, que s'accordent mutuellement la divinité et le sacrifiant. Le schéma où Ahura Mazdā, maître de la bonne filière, serait opposé à un dieu Yima, maître de la mauvaise, laisserait penser que le système vieil-avestique se serait constitué, non dans le cadre de la hiérarchie orthodoxe qu'illustre le panthéon védique, mais dans celui de la hiérarchie "yamique", que Gérard Fussman a restituée voici quelques années[51]. Naturellement, ceci n'est qu'une conjecture : il faut faire preuve de la plus grande prudence, mais aussi garder cette possibilité présente à l'esprit.

Il nous reste à nous demander si le système vieil-avestique constitue une innovation ou une variante dialectale de la religion indo-iranienne, puis, subsidiairement, au cas où il s'agirait bien d'une innovation, si elle est l'œuvre d'un homme. Nous parlerons donc de Zoroastre.

---

[51] *Journal Asiatique* 1977, 21–68.

Les hommes

Avant de parler des hommes dont les Gāθā mentionnent le nom, il convient que nous nous entendions sur un point de terminologie. L'érudition occidentale fait traditionnellement du terme *gāϑā-* un emploi que Humbach, tout en l'adoptant, juge avec raison impropre (ungenau)[52]. Au contraire, l'arrangeur qui, à une époque indéterminée de la transmission orale, a donné forme au livre avestique du Yasna s'était pourvu d'une terminologie précise. Il appelle *gāϑā-*, c'est-à-dire "chants", les divers ensembles, de longueur variable, qui sont caractérisés par l'emploi d'un mètre particulier. Il y a ainsi cinq Gāθā, dont le titre est forgé d'après le premier ou les deux premiers mots : l'Ahunauuaitī occupe les chapitres 28 à 34 du Yasna; après le Yasna Haptaŋhāiti (35–41) et un passage tampon en avestique récent (42), l'Uštauuaitī couvre les chapitres 43 à 46; la Spəṇtā.mainiiu s'étend sur les chapitres 47 à 50, tandis que la Vohuxšaθrā et la Vahištōišti n'occupent qu'un seul chapitre, respectivement 51 et 53. Dans le cadre de ce découpage, il apparaît que les textes vieil-avestiques, y compris le Yasna Haptaŋhāiti, sont tout simplement classés en ordre de longueur décroissante. Chaque chapitre, comme il est d'usage dans l'ensemble du Yasna, est désigné par le terme de *hāiti-*. Sur les 72 hāiti, 17 sont constituées par les Gāθā et 7 par le Yasna Haptaŋhāiti, en tout 24 hāiti à quoi se résume l'Avesta ancien. Or, l'érudition occidentale a pris la malencontreuse habitude d'utiliser le mot *gāϑā-* pour désigner à la fois les ensembles métriquement homogènes et les différentes hāiti gâthiques, si bien que l'on peut lire, sous la même plume, tantôt les "5 Gāθā", ce qui est conforme à la terminologie de l'Avesta récent, tantôt les "17 Gāθā", ce qui, du point de vue de cette même terminologie, est aberrant.

Si cette ambivalence de vocabulaire n'a jamais gêné les spécialistes, c'est que tous étaient convaincus de l'indépendance de chaque hāiti. Bartholomae y insiste avec force : le corpus des Gāθā est composé de 17 morceaux indépendants — les hāiti proprement dites — rassemblés en cinq unités plus vastes — les Gāθā proprement dites — sur la seule base de la similitude

---

[52] *Op. cit.* (n. 6) 46.

métrique[53]. Les Gāθā ne seraient donc qu'un cadre factice, dû au caprice d'un arrangeur et dont il serait parfaitement inutile de tenir compte. Le terme *gāϑā-* s'est ainsi trouvé libre d'assurer une autre désignation et est venu se superposer à *hāiti-*. Or, l'hypothèse de l'indépendance des hāiti n'a jamais fait l'objet d'une démonstration argumentée, mais bien d'une affirmation péremptoire. En fait, elle repose sur une impression et un préjugé. Les hāiti de l'Uštauuaitī Gāθā sont si fortement caractérisées par l'usage d'un refrain qu'il paraît naturel de les considérer comme des ensembles autonomes et cette impression est transposée à l'ensemble du corpus. Le préjugé, c'est celui qui entend faire de chaque hāiti un texte lié à un événement marquant de la carrière prophétique de Zoroastre. L'hypothèse de l'indépendance des hāiti va ainsi de pair avec la conception biographique des Gāθā et ce sont naturellement les savants les plus méfiants envers cette conception qui sont les plus hésitants à l'adopter. Ainsi, pour Darmesteter, l'indépendance des hāiti est vraisemblable, sans plus[54]. Humbach, comme souvent, réfute l'opinion de ses prédécesseurs, mais renonce à en tirer les conséquences : selon lui, quoiqu'on ne puisse identifier clairement un seul détail biographique dans les Gāθā, il faut s'en tenir à l'hypothèse de l'indépendance des hāiti, car il est tout à fait impossible de reconnaître entre celles-ci des éléments de continuité[55]. Cet argument négatif vaut ce qu'il vaut, alors que le rapport de continuité entre deux strophes qui se succèdent dans la même hāiti est lui aussi, le plus souvent, insaisissable.

Le seul qui ait résolument défendu l'unité organique des Gāθā est Marijan Molé en 1963[56]. Tous les arguments qu'il a apportés à la discussion ne sont certes pas impérieux. Certains sont fondés sur une exégèse du texte et, par conséquent, contestables comme cette exégèse elle-même. Il n'en reste pas moins que l'analyse de Molé est impressionnante lorsqu'elle est fondée sur les seuls indices formels. Tous ceux-ci se réduisent, en dernière analyse, à deux remarques d'ordre général :

1. Chaque Gāθā, tout en suivant son développement propre et en donnant à chacune de ses parties constitutives une ampleur et un ton spécifique, passe, invariablement et une seule fois, par quelques motifs obligés. S'il y a bien, dans les Gāθā, une règle de déroulement, cette règle de déroulement s'observe dans le cadre de l'unité organique de chaque Gāθā. Le fait le plus frappant

---

[53] *Die Gatha's des Avesta*, Strasbourg 1905, V.

[54] *Le Zend-Avesta I*, Paris 1892, XCVIII.

[55] *Op. cit.I* (n. 6) 13–15.

[56] *Culte, Mythe et Cosmologie dans l'Iran Ancien*, Paris 1963, 176–189.

est sans doute le point d'aboutissement : les strophes finales de chaque Gāθā comportant plusieurs hāiti sont des variantes formulaires.

2. A l'intérieur de chaque Gāθā, on observe bel et bien, entre certaines hāiti, des éléments de connexion qui laissent penser que la division est artificielle. Ainsi, le passage qui a pour l'objet la "règle d'allégeance" (*uruuata-*, skr. *vratá-*) commence en 30.11 et s'achève en 31.6, le mot étant explicitement mentionné en 30.11, 31.1 et 3. Le passage centré sur le verbe *dā* va de 33.14 à 34.3. Une demande d'aide (*auuah-*) formulée sous forme de question rhétorique, apparaît à la dernière strophe de 49 et à la première de 50. Humbach avait déjà fait ces observations, pour conclure que l'arrangeur avait exploité les points de raccord que lui proposaient les morceaux dont il disposait. C'est théoriquement possible, mais peu vraisemblable. On peut trouver trop beau qu'un hasard merveilleux ait confié à un arrangeur subtil des morceaux ajustés comme un puzzle. Il faudrait aussi relever, dans le chef de l'arrangeur, une évidente contradiction : pourquoi aurait-il mis en évidence la continuité apparente des hāiti alors qu'il s'obstinait par ailleurs à les baliser soigneusement pour en faire ressortir l'indépendance ? Les répétitions de mot à cheval sur deux hāiti semblent d'autant moins l'effet du hasard qu'elles correspondent à l'une ou l'autre de deux techniques rhétoriques chères aux Gāθā : la "zône lexicale", où un mot est systématiquement répété sur plusieurs strophes, et la "concaténation lexicale", qui consiste à arrimer les strophes les unes aux autres par la répétition de mot[57]. Ajoutons à ceci un autre indice de continuité, d'ordre syntaxique celui-ci : le dernier vers de 48.1 contient un subjonctif aoriste (*vaxšat̰*) injustifiable en proposition indépendante, mais qui s'explique parfaitement si la particule *at̰* qui introduit cette proposition reprend la particule *zī* de la strophe précédente 47.6 (*hū zī vāurāitē*), car *zī* + subjonctif aoriste, en indépendante-principale, exprime l'exhortation.

La division en hāiti apparaît ainsi comme une mise en chapitre tout à fait artificielle. Pourquoi l'arrangeur a-t-il cru nécessaire de se livrer à ce découpage ? Il vaut mieux dire que nous n'en savons rien, mais il est possible qu'il ne faille pas y voir autre chose que le souci de préserver une certaine harmonie de quantité et de longueur entre les hāiti gâthiques et les autres. Sans ce découpage, chaque Gāθā aurait représenté une seule hāiti de plusieurs dizaines de strophes, ce qui aurait déséquilibré l'ordonnance du Yasna. Quoi qu'il en soit, il vaut mieux parler comme l'arrangeur et appeler une Gāθā une Gāθā et une hāiti une hāiti.

---

[57] Procédé reconnu et défini par Hanns-Peter Schmidt, dans *Form and Meaning of Yasna 33* (avec la contribution de Wolfgang Lentz et de Stanley Insler), New Haven 1985, 22–30.

L'un des motifs auxquels toute Gāθā, qu'elle comporte ou non plusieurs hāiti, doit nécessairement faire place, une fois et une seule, c'est l'énumération d'une série de noms propres. Chaque énumération a ses particularités rhétoriques et est plus ou moins complète — les plus longues sont celles de l'Uštauuaitī Gāθā et de la Vohuxšaθrā, la plus brève celle de la Spəṇtā.mainiiu —, mais, d'une manière générale, ce sont les mêmes noms, dans le même ordre. Les voici, avec ce qu'on dit la tradition mazdéenne : Zoroastre, ou plutôt Zaraθuštra, pour lui donner son nom original, récitant et auteur du texte, avec parfois l'un ou l'autre membre de sa famille, ici son cousin Maidiiōi.måŋha (en réalité, le lien de famille n'est pas stipulé), là sa fille Pourucistā ; viennent ensuite le kauui Vīštāspa, le roi qui a accueilli Zaraθuštra et s'est converti, ou va se convertir, à son message, et les deux frères Fərašaoštra et Dəjāmāspa, personnages éminents de sa cour. De toute évidence, ces données traditionnelles sont monstrueusement anachroniques : elles transposent dans l'Iran de l'an 1000 avant notre ère les institutions et l'atmosphère du Shāhnāme. Les Gāθā ne disent rien du rang ou de la fonction des hommes qu'elles mentionnent, elles ne décrivent aucune organisation sociale et ne narrent aucun événement. Du moins accordent-elles à Vīštāspa le titre de *kauui-*, sur lequel on se fonde pour lui accorder un rang royal. Le seul indice qui permette ce raisonnement, c'est le fait que, dans l'épopée persane, les héros qui portent ce titre, devenu *kay*, sont des rois, mais la caractéristique même de l'épopée est de fondre l'ensemble des vieux mythes iraniens en une vaste pseudo-histoire aux allures de chronique dynastique. Pour le reste, tous les équivalents de *kauui-*, en amont et en aval, du sanskrit *kaví-* au moyen-perse manichéen *kāw* en passant par l'emprunt lydien *kave-*, dénotent l'exercice d'une qualité religieuse. Non seulement je ne puis admettre sur cette base que Vīštāspa soit un roi ou quelque chose d'analogue[58], mais je crois que nous avons les meilleures raisons — c'est-à-dire des raisons grammaticales — de penser qu'il est, dans les Gāθā, le fils de Zaraθuštra. On considère que l'ensemble coordonné de 53.3 *kauuacā vīštāspō zaraϑuštriš spitāmō fərašaoštrascā* réunit trois personnes : Vīštāspa, puis un fils de Zaraθuštra, désigné par le patronyme *zaraϑuštri-* et l'adjectif *spitāma-*, mais dont le nom personnel est passé sous silence — ce qui est déjà fort curieux —, enfin Fərašaoštra. Or, les relevés de Klein pour le védique[59] et ceux de Pirart pour le vieil-avestique montrent sans la moindre ambiguïté que, dans une coordination à trois membres, il n'y a que quatre dispositions possibles de la particule ᵒ*cā* : avec chaque membre (AcāBcāCcā), avec les deux derniers

---

[58] *Acta Antiqua Hungarica* 24, 1976, 42–56.

[59] *Toward a Discourse Grammar of the Rigveda I*, Heidelberg 1985, 207–208.

(ABcāCcā), avec le dernier seul (ABCcā) et avec le premier seul (AcāBC). La configuration AcāBCcā, postulée ici, est absolument exclue parce qu'elle est sans exemple dans l'ensemble des dialectes indo-iraniens. La régularité grammaticale la plus élémentaire exige qu'il y ait ici deux membres coordonnés dans une structure du type courant AcāBcā, donc que *zaraϑuštriš* et *spitāmō* se rapportent à *vīštāspō*.

Non seulement cette analyse est la seule qui satisfasse à la syntaxe de la coordination, mais c'est aussi celle qui s'accorde le mieux avec la structure de la liste la plus clairement articulée, celle de l'Uštauuaitī Gāθā, qui mentionne, en 46.12, les ancêtres éloignés (Friia, Tūra, éventuellement Uji), en 13–14, Zaraθuštra, en 14, Vīštāspa sont cités entre la mention des ancêtres éloignés (12) et l'énoncé des désignations familiales de Zaraθuštra (15), si bien que ces définitions de filiation semblent valoir aussi pour Vīštāspa. Si l'analyse que je viens de développer est exacte, l'énumération des noms propres met en scène deux groupes sociaux[60]. Le premier, représenté par Zaraθuštra et Vīštāspa, est défini par le patronyme *haēcaṭ.aspāna-* et l'épithète *spitāma-*, qui n'a pas de caractéristique patronymique apparente. Le second est représenté par Fərašaoštra et Dəjāmāspa et caractérisé par le patronyme *huuōguua-*. On se pose dès lors deux questions, auxquelles on ne peut malheureusement pas très bien répondre :

1. Quel lien existe-t-il entre les deux groupes? En théorie, ce ne peut être que des liens de mariage, mais lesquels? Comme me le suggère Clarisse Herrenschmidt, le groupe gâthique pouvait suivre la règle du mariage avec la cousine croisée matrilatérale, c'est-à-dire qu'un garçon épousait de préférence la fille du frère de sa mère, un type de mariage très fréquent dans les sociétés traditionnelles, que Lévi-Strauss appelle "l'échange généralisé" et qui était pratiqué par les Achéménides[61]. Dans ce cas, les fils de Haēcaṭ.aspa donneraient leurs filles aux fils de Hugu(ua), si bien que Fərašaoštra et Dəjāmāspa serait à Zaraθuštra dans le même rapport que Mardonios à Xerxès. Schéma tentant, mais purement conjectural.

2. A quel cercle d'appartenance sociale peuvent bien correspondre, d'une part des patronymes comme *haēcaṭ.aspa-* et *huuōguua-*, d'autre part une épithète collective comme *spitāma-*? Nous savons, depuis Emile Benveniste, que la société vieil-avestique était censée s'organiser en quatre cercles concentriques d'extension croissante, dont nous traduisons le nom par une recours un peu forcé, mais comme un moindre mal, au vocabulaire technique

---

[60] Reproduit l'analyse faite dans *op. cit.* (n. 30) 4–12.

[61] Clarisse Herrenschmidt, dans *Achemenid History II : the Greek Sources*, Leiden 1987, 58–62.

de l'éthnographie (famille, clan, tribu, nation)[62]. La difficulté, c'est que nous ne savons pas comment les termes qui situent l'homme vieil-avestique par rapport à ses ancêtres expriment son appartenance à l'un ou l'autre de ces ensembles. La seule chose sûre est que ce que nous appellerons le cercle gâthique constitue plus qu'une famille, puisqu'il y a plus d'un ancêtre commun, et moins qu'une nation puisqu'il est dit par ailleurs que la nation dont il fait partie lui est hostile.

Si Vīštāspa n'est pas un roi, si Fərašaoštra et Dəjāmaspa ne sont pas ses ministres. Zaraθuštra est-il bien le récitant et l'auteur des Gāθā? Il n'y a pas si longtemps, des voix autorisées exprimaient à ce sujet un scepticisme aujourd'hui bien oublié. Ainsi Antoine Meillet : "Toutefois, rien ne prouve que tous les morceaux soient du même auteur. Le fait qu'il y est souvent question de Zaraθuštra mentionné à la troisième personne n'appuie pas la supposition que toutes les pièces des gâthâ seraient l'œuvre du réformateur lui-même"[63]. Au-delà de cette saine manifestation d'esprit critique, Meillet a bien cerné la difficulté : les rapports entre le nom de Zaraθuštra et les personnes grammaticales sont apparemment complexes et contradictoires. Sur quinze attestations du nom, il y a : 1. une attestation sûre à la 1ère personne (43.8); 2. une attestation sûre à la 2ème personne (46.14); 3. douze attestations sûres à la 3ème personne, dont une (29.8) n'est pas pertinente parce qu'elle se situe dans un discours rapporté; 4. une attestation obscure, qui pourrait être de 1ère ou de 3ème personne (46.19). A l'examen, la situation est moins compliquée qu'il n'y paraît et ne permet aucune hésitation : Zaraθuštra ne peut en aucun cas être le récitant. Pour les quatre raisons suivantes :

1. il est certes admissible que le récitant parle de lui-même à la 3ème personne et le procédé est du reste bien attesté dans le R̥gveda. Cependant, la proportion est écrasante entre 1 Zaraθuštra de première personne et 12 d'une autre : il faudrait accepter que l'homme qui, tout au long du texte, dit "je" ou "nous" passe systématiquement à la 3ème personne dès qu'il mentionne son nom. Ajoutons qu'il ne suffit pas de relever les attestations du nom de Zaraθuštra à la 3ème personne. Qui, sinon Zaraθuštra, serait cet homme (nar-) bien précis, dont il est question dans plusieurs passages (surtout 43.2–4) et qui reçoit un certain nombre d'épithètes spécifiques et exclusivement divines.

2. il est encore admissible, quoique tout de même bien bizarre, qu'on se pose une question à soi-même, à la 2ème personne, vocatif de son nom à l'appui. Mais il faut remarquer que cette interpellation directe de Zaraθuštra

---

[62] *Journal Asiatique* 1932, 117–134.

[63] *Op. cit.* (n. 4) 14–15.

précède immédiatement celle du groupe des Haēcat.aspa Spitāma, puis celle
de Fərašaoštra et de Dəjāmāspa. Tout se passe logiquement comme si le
récitant s'adressait à une série de personnages en commençant par Zaraθuštra.
Si 46.14 ne peut être mis dans la bouche de Zaraθuštra, il en va de même
du passage obscur 46.19, qui conclut l'ensemble de l'énumération des noms
propres.

3. l'incontestable première personne (43.8) est attestée dans une séquence
de onze strophes (43.5–15) soudées par le refrain *spəṇtəm aṯ ϑβā mazdā
mə̄ŋhī ahurā* "je pense, ô Ahura Mazdā, que tu es *spəṇta* (bénéfique)". Cet
ensemble est explicitement présenté a posteriori comme un discours rapporté
(43.16). Zaraθuštra prend donc la parole une fois dans les Gāθā et son
discours, soigneusement balisé, contraste avec le reste du texte.

Enfin et surtout, il arrive trois fois que la troisième personne du nom de
Zaraθuštra se trouve en opposition directe avec la première personne. Cela
est évidemment décisif : 28.6 *zaraϑuštrāi ... ahmaibiiācā* "pour Zaraθuštra et
nous", 49.12 *kaṯ tōi aṣ̌ā zbaiieṇtē auuaŋhō zaraϑuštrāi kaṯ tōi vohū manaŋhā
yə̄... frīnāi* "quelle aide as-tu pour Zaraθuštra qui en fait la demande par
Aṣ̌a? Quelle (aide) as-tu pour moi qui veux te propitier par ma bonne Pensée
(= Vohu Manah)?", 50.5–6 *maϑrānē ... auuaŋhā ... yā nå̄ xᵛāϑrē dāiiāṯ yə̄
maϑrā vācəm baraitī ... nəmaŋhā zaraϑuštrō* "Pour le *maϑrān* Zaraθuštra qui
parle avec respect, cette aide par laquelle il nous place dans le bien-être".

Si Zaraθuštra n'est pas le récitant, qui est le récitant? La récitation
liturgique des Gāθā constituait selon toute vraisemblance une charge rituelle
spécifique. Le titre qui y correspondait ne nous est pas donné avec certitude.
Pour que ce soit *zaotar-* (skr. *hótar-*), comme on le dit souvent, il faudrait qu'il
y ait, dans le passage témoin de 33.9, un verbe de 1ᵉ personne et ce n'est pas
sûr. En 48.9, il semble bien que le récitant se définisse comme *saošiiaṇt-*, la
1ᵉ singulier *vaēdā* "je sais" étant soulignée par l'exclamation optative *vīdiiāṯ
saošiiąs* "puisse le *saošiiaṇt* savoir!" *saošiiaṇt-* désigne collectivement ceux
qui participent à l'activité sacrificielle : littéralement, ce sont ceux qui ont pour
but d'offrir et de recueillir le *sauua(h)-* "gonflement", une des prospérités de
vie qui s'échange durant le sacrifice, mais ce n'est pas le titre spécialement
lié à la récitation du texte.

Dans ces conditions, Zaraθuštra peut-il être considéré comme l'auteur
des Gāθā? A mon avis, la question de l'auteur du texte n'a pas de sens.
Les Gāθā ne se présentent pas comme le travail d'un homme, mais comme
l'expression de tout un groupe religieux. Elles ne sont pas l'œuvre d'une
personnalité, mais l'émanation d'une mentalité. Naturellement, il faut bien
qu'elles aient eu leur artisan, mais faut-il vraiment se demander si c'était la

figure la plus important du cercle gâthique, un de ses compagnons éminents ou un individu obscur, mais habile dans l'art des vers ? Une conjecture admissible consisterait à se fonder sur le titre de *kauui* accordé à Vīštāspa. Vīštāspa poète au lieu de Vīštāspa roi ? L'indice est très fragile : il faudrait que *kauui-* signifiât strictement "poète" en vieil-avestique, ce qui est possible, mais indémontrable. Corrélativement, la question du nombre de mains est intraitable : à quoi bon multiplier un auteur aussi évanescent ?

Les hommes dont le nom est mentionné dans les Gāθā apparaissent à la fois comme les personnalités représentatives d'un groupe social et comme les protagonistes du rituel. Le premier aspect résulte de l'emploi systématique des patronymes et du nom de groupe *spitāma-*. Quant au second, il est défini de manière tout à fait explicite par *yazəmna-* (skr. *yájamāna-*), qui conclut en résumé l'énumération des noms propres de la Vohuxšaθrā Gāθā (51.20). Les hommes des Gāθā sont donc, pour résumer au mépris de nuances qui d'ailleurs nous échappent, des chefs et des sacrificateurs. Le principal d'entre eux est Zaraθuštra, dont la prééminence est connotée par trois traits formels : son nom est mentionné invariablement en tête de liste, revient fréquemment en fin de liste, de telle sorte qu'il encercle l'ensemble de l'interpellation et, dans chaque Gāθā à plusieurs hāiti, fait l'objet d'une mention (et une seule) en-dehors de l'énumération des noms propres. Les fonctions rituelles de Zaraθuštra sont d'une importance hors pair. Quoiqu'il ne soit pas le "je" des Gāθā, il a le don de la parole et il est présenté comme un récitant exceptionnel : 29.8 *huuō nə̄ mazdā vaštī aṣāicā carəkərəϑrā srāuuaiieŋhē* "il veut nous faire entendre, ô Mazdā et Aṣa, des célébrations"; 31.19 *vīduuå ... ərəžuxδāi vacaŋhąm xšaiiamnō hizuuō vasō* "le savant qui maîtrise à volonté sa langue pour l'énoncé correct des paroles"; 50.6 *yə̄ mąϑrā vācəm mazdā baraitī uruuaϑō aṣā nəmaŋhā zaraϑuštrō* "Zaraθuštra, le *mąϑrān* qui parle avec Aṣa et respect". Selon la même strophe, il est *dātā xratə̄uš hizuuō* "celui qui assure l'efficacité de la langue" et le récitant implore son enseignement. Il prononce en personne les onze strophes 43.5–15.

Zaraθuštra est caractérisé par quatre ou cinq adjectifs en série qui ne s'appliquent, en-dehors de lui, qu'au feu rituel et/ou à Ahura Mazdā. Passons sur *hudā́nu-*, skr. *sudā́nu-*, trop rare pour qu'on en comprenne précisément la portée. Deux épithètes insistent sur son talent rituel : comme le feu, il est *arədra-* "(rituellement) compétent" et *ahūm.biš-*, qui signifie qu'il donne la santé à son rituel, contrairement à ses adversaires, qui rendent leur rituel malade (30.6). *ϑβāuuaṇt-* "qui est avec toi" note sa complicité toute particulière avec Ahura Mazdā, accentuée par l'octroi des épithètes *hudāh-* "généreux", qui connote la participation à l'univers divin, et *spəṇta-* "bénéfique", qui exprime la qualité même du grand dieu.

ZaraθuŠtra porte un titre officiel : *ma̧ϑrān-*, skr. *mantrín-*, littéralement "celui qui possède les *mantra*". Mais il faut savoir que le mot vieil-avestique *ma̧ϑra-* fait l'objet d'un usage particulier, qui le distingue radicalement de son équivalent sanskrit, en ceci qu'il ne sert pas à désigner une parole humaine, le poème, mais une parole divine. Les dieux font connaître leur volonté par un certain nombre de paroles qui ont chacune leur nom spécifique, technique. Parmi elles, il a le *ma̧ϑra-* "formule" et la *sāsnā-* "leçon", qui sont en permanence étroitement associées. Ahura Mazdā est leur auteur. Il les a fabriquées en accord avec Aṣa (29.7), et la caractéristique de ZaraθuŠtra, c'est que lui et lui seul est capable d'entendre ces paroles (29.8). Le texte dit bien "entendre" (*guš*) et non "écouter" (*sru*), attribuant à ZaraθuŠtra, non pas une piété, une obéissance particulière, mais une fonction particulière, celle de courroie de transmission entre les dieux et les hommes. Il fait appliquer, réaliser le *ma̧ϑra* (*ma̧ϑrəm varz*) et il délivre l'enseignement divin qui permet d'ouvrir le chemin rituel (43.3). ZaraθuŠtra est le savant (*vīduuāh-*) d'une science divine qu'il transmet aux hommes. Il joue un rôle essentiel dans l'accès à cette connaissance religieuse dont nous avons parlé et qui permet aux hommes d'ajuster leur rituel aux grands actes divins situés hors de leur portée. La hāiti 43 est particulièrement claire à cet égard. En reconnaissant Ahura Mazdā comme *spə̨nta*, ZaraθuŠtra fait, au nom du groupe qu'il représente, la prise de conscience qui s'impose, le choix du bon *mainiiu*. Il est, dans le cadre du système gâthique, l'acteur humain de la connaissance religieuse. Mais celle-ci a un autre acteur : le feu rituel, auquel la même terminologie assigne la même science et le même pouvoir d'enseigner, à tel point que dans certaines strophes obscures ou trop allusives, il est impossible de décider si on parle du feu ou de ZaraθuŠtra (et la confusion est peut-être voulue). Ceux-ci forment un couple, uni dans une seule et même fonction : assurer la perméabilité entre le monde divin et le rituel humain. Ils prennent conscience de la nature et de la volonté divines, les enseignent aux hommes et, en retour, manifestent aux dieux la prise de conscience des hommes, le feu par la magie de sa lumière et de sa chaleur, ZaraθuŠtra par la triade pensée-parole-geste qu'il met en œuvre. Ce sont eux qui assurent la transition rituelle.

C'est ici que pourrait se situer une différence essentielle entre les Gāθā et le Yasna Haptaŋhāiti. Dans les premières, la transition rituelle est assurée par le feu et un protagoniste humain confondus dans une même terminologie ; dans le second, le feu est seul, tandis que les récitants s'octroient collectivement le tire de *ma̧ϑrān-* (41.5). Le rituel gâthique a une vedette humaine sacralisée, le haptahâtique est collectif et anonyme. Ce ne peut être un hasard si le nom des cercles d'appartenance sociale n'a jamais, dans le Yasna Haptaŋhāiti, qu'une valeur métaphorique : le seul clan mentionné est celui que les sacrifiants forment autour du feu rituel (36.1 : "nous te servons, ô Ahura Mazdā, en formant le clan de ce feu ici"). Au motif gâthique de l'évocation d'un groupe social actualisé correspond, dans le Yasna Haptaŋhāiti, le chapitre consacré à la consécration du feu rituel : ces deux moments de la récitation sont pareillement associés à la phase rituelle qui porte le nom technique de *yāh-*, littéralement "demande", voire la constituent.

Zaraθuštra doit-il être considéré comme l'inventeur des particularités de la doctrine vieil-avestique ? Je ne vois pas comment, dans l'état actuel de nos connaissances, nous pourrions nier le caractère innovant de ce système. Il est trop particulier dans l'éventail des religions indo-iraniennes anciennes, surtout par le traitement qu'il fait subir au personnel divin, avec l'élévation d'Ahura Mazdā et la mise en cause des *daēuua*. Par contre, on ne peut considérer comme certain ni que les Gāθā témoigneraient des premiers pas d'un nouveau système, ni que cette innovation soit le fruit d'une spéculation personnelle. Il existe un seul argument en faveur de l'hypothèse selon laquelle les Gāθā témoigneraient des premiers pas d'un nouveau système, mais il est vraiment très fort : c'est l'existence d'adversaires. Ceux-ci sont situés à la tête du *daxiiu* et cet ancrage bien déterminé dans la structure des cercles d'appartenance sociale paraît témoigner impérieusement de leur réalité. Et pourtant la portée de ce témoignage doit être relativisé. Non seulement ces adversaires n'imposent pas leur présence au Yasna Haptaŋhāiti, mais il ne faut pas oublier que, d'une manière générale, l'adversaire est, pour le dualisme, une nécessité doctrinale. S'il y a une mauvaise filière, elle doit avoir ses partisans et nous ne savons pas qui sont les adversaires du cercle gâthique : s'agit-il de résistants à l'innovation centrale de la doctrine ou d'une autre école mazdéenne renvoyée par amalgame à la Tromperie. Dans ce dernier cas, l'innovation peut être si ancienne qu'on peut la considérer comme constitutive de la religion iranienne.

Je serai plus net sur la question de l'origine personnelle de l'innovation. Elle me paraît peu probable, car la mise en regard des Gāθā et du Yasna Haptaŋhāiti, enfin reconnus comme des textes à peu près contemporains, diluent la doctrine vieil-avestique dans les divergences d'école. De plus, si la caractéristique de l'innovation vieil-avestique est bien le passage du concept d'alternance à celui de séparation comme principe organisateur de l'univers. Il faut reconnaître que cette évolution ne paraît pas correspondre à une réflexion philosophique personnelle, mais à un mouvement de la pensée mythologique. L'Avesta ancien n'est peut-être ni un texte de fondation, ni une œuvre signée. Il lui reste cependant un mérite, qui n'est pas mince : celui d'avoir su si bien exprimer une pensée religieuse qu'il a survécu comme texte liturgique inexpugnable du mazdéisme. Ce mérite est celui des deux écoles, la gâthique et la haptahâtique, qui ont produit ses parties constitutives, et pas plus celui de l'une que de l'autre. Le fait que les Gāθā reconnaissent explicitement la prépondérance sociale et religieuse de personnalités dûment nommées n'implique en rien qu'elles ont eu un rôle plus important dans le développement du mazdéisme. Et, de fait, la légende de Zaraθuštra mise à part, l'influence du Yasna Haptaŋhāiti sur l'Avesta récent est nettement plus grande que celle des Gāθā. Je ne suis même plus si sûr que je l'étais dans l'introduction aux *Textes vieil-avestiques* de l'historicité des hommes des Gāθā[64]. Je ne suis certes pas convaincu du contraire, mais je pense à présent qu'il est raisonnable d'entretenir à ce sujet quelque incertitude. Je vous invite, pour terminer ces conférences, à relever les indices qui invitent à penser que les noms propres mentionnés dans les Gāθā ne sont pas ceux d'hommes réels, mais des noms emblématiques auxquels chaque groupe, dans la liturgie, pouvait substituer ceux de ses représentants ou dans lesquels il pouvait reconnaître ceux-ci. Il y a quatre indices, que je livre par ordre d'autorité croissante :

1. deux noms, sur neuf qui constituent le matériel onomastique gâthique, sont métriquement inadéquats. *huuōguua-* vaut trois syllabes au lieu des deux théoriquement requises. La seule explication de *spitāma-* qui vienne spontanément à l'esprit est celle qui consiste à en faire un bahuvrīhi signifiant "à la force blanche", avec *spita-* "blanc" en premier terme et *ama-* "force offensive" en second. Or elle est incompatible avec le trisyllabisme du mot, car il devrait y avoir hiatus compositionnel, donc quatre syllabes. Ceci laisserait penser que les noms propres gâthiques occupent une case métrique qui n'est pas faite pour eux, mais nous avons affaire à des éléments très friables. On observera que, dans le R̥gveda, le patronyme *ātithigvá-*, qui a le même second terme que *huuōguua-*, comporte inexplicablement cinq pieds, un de plus qu'on attendrait. Quant à *spitāma-*, il vaut peut-être mieux considérer que son étymologie est inconnue.

2. comme je l'ai déjà signalé dans l'introduction aux *Textes vieil-avestiques*[65], le nom des deux frères Fərašaoštra et Dəjāmāspa traduit un souci évident de stylisation : les seconds termes de ces composés, avec celui du patronyme *huuōguua-*, reconstituent la triade animale vache-cheval-chameau, et les premiers termes sont antonymes. *fərаša-* correspond à skr. *pr̥kṣá-* et *dəjāma-* à skr. *kṣāmá-*, si bien que Fərašaoštra est "celui qui possède des chameaux séveux" et Dəjāmāspa "celui qui possède des chevaux desséchés". Cela ressemble furieusement à une coquetterie d'auteur. Il est évidemment

---

[64] Voir n. 60.

[65] *Op. cit.* (n. 30) 4–5.

possible d'attribuer, comme je l'ai fait, ce raffinement au père des deux hommes, mais les indices suivants font de tout de même hésiter.

3. on sait que dans la tradition mazdéenne, depuis l'Avesta récent, le père de Zaraθuštra s'appelle Pourušāspa. Ce nom est absent des Gāθā, où l'ascendance paternelle de Zaraθuštra est définie par les patronymes *haēcaṯ.aspa-* et *haēcaṯ.aspāna-*. Dans l'introduction aux *Textes vieil-avestiques*, j'ai fait de ces deux mots une analyse que je crois aujourd'hui erronée en posant que *haēcaṯ.aspa-*, appliqué aux hommes de la génération de Zaraθuštra, était un patronymique avec le guṇa pour seule marque distinctive, tandis que *haēcaṯ.aspāna-*, qui en dérive avec le suffixe *-āna-* et s'applique à la fille de Zaraθuštra, serait un propatronymique[66]. Cette interprétation conduit à deux anomalies : elle accorde imprudemment au patronymique une valeur stricte — c'est "fils de ..." et rien d'autre — et elle postule un nom propre de départ **hicaṯ aspa-* dont le premier terme ne correspond pas à un thème de présent répertorié de la racine *hic*, skr. *sic* "verser" ou "asperger". Je préfère aujourd'hui considérer que *haēcaṯ.aspāna-* est l'adjectif patronymique proprement dit et que le nom propre dont il dérive, *haēcaṯ.aspa-*, est employé au pluriel, en 46.15, pour désigner les fils de Haēcaṯ.aspa comme, en sanskrit, *rudrā́ḥ* "les Rudra" désigne les Maruts. Ceci équivaut à réhabiliter l'hypothèse de Humbach, qui comprend *haēcaṯ.aspa-* comme "celui dont les chevaux s'éclaboussent"[67] : le premier terme *haēcaṯ°*, correspondant au présent thématique *haēca-* (skr. *sécate*) par opposition à **hiṇcaṯ°* (skr. *siñcáti*) actif, renverrait à la signification moyenne du verbe. Le parallèle du Ṛgveda 4.43.6 *síndhur ha vāṁ rasáyā siñcad áśvān* "le fleuve mouille vos chevaux d'embrun" n'est pas négligé pour autant, mais il faut l'adapter à la visée moyenne. Dans le cadre de cette analyse, rien n'oblige à considérer *haēcaṯ.aspa-* comme le nom du père de Zaraθuštra — ce pourrait être celui d'une ancêtre plus lointain —, mais il faut noter ce fait étrange que *haēcaṯ.aspa-* et *pourušāspa-* pourrait être approximativement synonymes si on comprend le premier comme "dont les chevaux s'éclaboussent" et le second comme "aux chevaux sales". Posons la question : y a-t-il deux traditions avestiques sur le nom du père de Zaraθuštra, unanimes sur le sens, mais divergentes sur la forme ?

4. le dernier indice, et les plus impressionnant, est livré par la dernière Gāθā (Y 53). Ce texte court, à la métrique sophistiquée et qui nous est le plus souvent incompréhensible, présente sur le fond trois particularités concordantes :

---

[66] *Op. cit.* (n. 30) 8.

[67] *Zeitschrift der deutschen morgenländischen Gesellschaft* 123, 1973, 96–97.

a. il mentionne une femme dans l'énumération des noms propres : Pourucistā, du groupe *spitāma*, descendante de Haēcaṭ.aspa et fille cadette de Zaraθuštra, à laquelle semble dévolu le rôle rituel central.

b. la fonction liturgique du texte est clairement révélée : le récitant parle en paranymphe dans une cérémonie de mariage. A ce titre, il s'adresse *kainibiiō xšmaibiiācā* "aux jeunes filles et à vous". Il n'y a aucune raison de penser que ce "vous" fasse exception dans l'Avesta ancien, où le récitant s'adresse exclusivement aux dieux et, par effet rhétorique, à ses ennemis, jamais en tout cas au "public".

c. cette Gāθā contient aussi le seul passage un peu croustillant de l'Avesta ancien (53.7). Quelque chose, désigné par le mot inconnu *āžu-*, a pour action d'aller et de venir au fond des deux cuisses. L'auteur, dans une expression ambiguë, joue sur les mots en confondant "le trou qu'il faut piquer" et "l'échange sacrificiel qu'il faut impulser".

Tout ceci nous invite clairement à considérer que le Y 53 correspond à un rituel d' hiérogamie. Les futurs époux sont les dieux mâles, invités à s'unir sexuellement aux jeunes filles du cercle gâthique, lesquelles, semble-t-il, personnifient soit les abstractions rituelles féminines, soit la *daēnā* des sacrifiants. De ces jeunes filles, Pourucistā est le prototype. Or, prenons bien garde à son nom. On a toujours considéré qu'il s'agissait d'un bahuvrīhi avec, pour second terme, *cistā-*, un dérivé féminin équivalent à *cisti-* "intuition, idée" donc "celle qui a de fréquentes intuitions". Or ceci est impossible, car le suffixe *-tā-* est exclusivement secondaire. On ne peut sauver l'interprétation traditionelle qu'en posant un dérivé *cistitā-* réduit à *cistā-* par haplologie comme *amərətatāt-* l'est fréquemment à *amərətāt-*, mais à quoi rimerait l'addition d'un suffixe abstrait à un nom en *-ti-* ? En fait, °*cistā-* a une explication simple, immédiate et sans défaut : c'est le féminin de l'adjectif verbal en *-ta-* de *cit* "remarquer". *pourucistā-* serait ainsi un composé d'un type très fréquent, avec un second terme adjectif passif et un premier terme à fonction instrumentale, signifiant "celle qui est remarquée par beaucoup", voire "celle qui est remarquée par les (dieux) nombreux". Peut-on considérer comme un effet du hasard que la protagoniste d'un rituel de mariage, fût-ce ou non une hiérogamie, porte un nom qui se réfère à son pouvoir de séduction ? Dans un cas comme celui-ci, on ne peut se défaire de l'impression que le nom a été moulé sur la fonction de celle qui le porte.

Ainsi, l'onomastique gâthique révélerait l'inadéquation, l'artifice, le souci de stylisation, la concordance avec la fonction rituelle. Cela ne rassure pas sur l'historicité des membres nommés du cercle gâthique. L'hypothèse de noms de convention ne peut être écartée du revers de la main.

Toutefois, Zaraθuštra et ses compagnons ne seraient-ils que les Cléandre et les Orgon des Gāθā que cela ne pourrait mettre en cause la profonde unité du texte. Les Gāθā et le Yasna Haptaŋhāiti son extrêmement proches l'un de l'autre dans l'espace et dans le temps, n'attestant que de faibles divergences de langue et de doctrine. *A fortiori*, l'intimité est encore plus grande entre les diverses Gāθā, où aucun particularisme significatif n'est discernable. Il faut nécessairement admettre qu'elles ont été composées dans le même lieu, à la même époque, par la même école. Leur triple uniformité linguistique, doctrinale et rhétorique en est le signe impérieux. Il y a bien un corpus cohérent, à opposer comme un tout au reste de l'Avesta, et qui est l'Avesta ancien.

Imprimé en Belgique
Dépôt légal : troisième trimestre 1991
ISBN : 2-908322-15-3
Composition : C.I.P.L. – Liège
Impression : Et. RIGA, La Salle, B-4120 ROTHEUX-RIMIÈRE